三十人行

给孩子的人文访谈录

周益民 编著

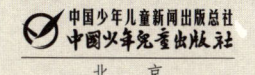

中国少年儿童新闻出版总社
中国少年儿童出版社
北京

图书在版编目（CIP）数据

三十人行：给孩子的人文访谈录 / 周益民编著 . -- 北京：中国少年儿童出版社，2020.11
ISBN 978-7-5148-6280-5

Ⅰ. ①三… Ⅱ. ①周… Ⅲ. ①人物 - 访问记 - 中国 - 现代 - 少儿读物 Ⅳ. ① K820.7-49

中国版本图书馆 CIP 数据核字 (2020) 第 145895 号

SANSHI REN XING
GEI HAIZI DE RENWEN FANGTANLU

出 版 发 行：	中国少年儿童新闻出版总社 中国少年儿童出版社
出 版 人：	孙 柱

策划编辑：	祝 薇 王仁芳	编 著 者：	周益民
责任编辑：	秦 静	装帧设计：	苗 洁
美术编辑：	陈亚南	责任校对：	李 源
助理编辑：	李子怡	责任印务：	刘 漱

社　　址：	北京市朝阳区建国门外大街丙 12 号	邮政编码：	100022
编 辑 部：	010-57526650	总 编 室：	010-57526070
发 行 部：	010-57526568	官方网址：	www.ccppg.cn

印刷：中青印刷厂

开本：880mm×1230mm　1/32	印张：9.5
版次：2020 年 11 月第 1 版	印次：2020 年 11 月北京第 1 次印刷
字数：237.5 千字	印数：1-10000 册
ISBN 978-7-5148-6280-5	定价：32.00 元

图书出版质量投诉电话 010-57526069，电子邮箱：cbzlts@ccppg.com.cn

序

朱自强

我曾经说过,优质的访谈有三个条件。一个条件是采访者在采访前需要做足功课;另一个条件是访谈人要具备相关的专业资质,比如,如果你做的是童书作家访谈,就要具备关于童书的专业知识;第三个条件是能够抓住受访者的特质的精彩之处。读益民的《三十人行——给孩子的人文访谈录》,我可以确认,益民的访谈是具备了这样三个条件的。

本书是益民的第二部访谈集。与第一部《故事、儿童和作家的秘密——走近儿童阅读》不同,这部访谈集远远超出了童书这一专业范围,还涉及哲学、心理学、绘画、建筑、朗诵、舞蹈、京剧、昆曲、航海、天文等诸多领域,用益民的话说,是"来到了那些有点儿陌生的领域"。不过,益民一向谦虚、低调,他自己说"有点儿"

陌生，我就会理解为不怎么陌生。从益民提出的那些问题来看，他心里是有谱的。

我不去围绕优质访谈的上述三个条件，对益民的访谈一一展开来说明，而只想谈谈我所感受到的这部访谈集的三个可贵的特质。

第一个特质是视野的开阔性。

益民是小学语文名师，他长期关注儿童的阅读，也参与儿童阅读推广的很多工作。我与益民交往多年，了解他不仅是个真正的读书人，而且读书的范围很广。这也应该影响到他的儿童阅读理念。通过儿童阅读进行的儿童教育（广义），应该是通识性的。儿童的阅读必须是通识性阅读。虽然儿童阅读的主要的、核心的资源是文学作品，特别是儿童文学作品，但是，其他类别的读物，比如哲学的、历史的、艺术的，特别是科学的读物，都是不可或缺的阅读资源。我感到《三十人行——给孩子的人文访谈录》显示出益民对于儿童阅读是具有通识意识的。正是因为有这一意识，第一部访谈集《故事、儿童和作家的秘密——走近儿童阅读》出版之后，当有朋友提议将视野打开，访谈对象可以不再限于作家时，益民才欣然接受了这一建议，将这部访谈集的采访对象，扩展到了文学之外的诸多领域，希望向孩子们展示"生活与世界的无限可能性"。

第二个特质是具备儿童和成人的双重视角。

作为采访者，益民在访谈时并没有采用成人这一单一视角，而是与儿童视角相融合，形成了一种双重视角。益民自己就这样说："我来到了那些有点儿陌生的领域，像一个孩子，好奇地打量着，觉得一切都是新鲜的。访谈时的我，有时候像个孩子，喜欢对观察到的现象追问；有时候又是个成人，有意挖掘孩子们一般不会注意但其实有意思的内容。高兴的是，这一点，又获得了我的少年朋友们的共鸣。"

能够获得儿童视角，不是一件容易的事情。益民做得到，当然是因为他有一颗孩子似的心。他与祁智对谈，关注的是作品中写大家欢笑的场面。与郁蓉对谈，他一上来就问人家："听说您给家人都取了昵称，先生叫毛驴，三个孩子分别叫毛豆、辣椒、扁豆，连猎犬都有个可爱的名字，叫嗅嗅探长，怎么想起这么称呼的？他们又怎么称呼您呢？"益民果然问出了小孩子喜欢的答案——郁蓉说："我刚刚问了我们家老三，要是给我一个昵称会是什么，他说是'家庭间谍'，或者说'家庭警察'。他说，他们在家里做的任何微妙的、隐藏的、秘密的事情,总是逃不过我的眼睛。"这样的访谈内容,没有小孩子似的心思,是问不出来的。

益民在访谈时采取成人视角有一个重要的目的,那就是"有意挖掘孩子们一般不会注意但其实有意思的内容"。比如,他与王立春对谈时,问道:"您的诗中,动词使用特别传神,好几次,我被那些动词刻画的形象逗得差点儿笑出声。比如,'小草们脸冻得蜡黄/在雪地里发抖/柳树抱着头/头发被寒风一根根揪走/电线被冻哭了/搓着手指/嗷嗷直叫'(《麻雀天使》),真是画面感十足。能就这一点谈谈吗?"这句问话的背后,其实隐含着益民作为优秀的语文教师所拥有的端正的语言观。我们的语文教育教学,比较普遍地重视形容词、成语,把它们看成"好词",而忽视动词在文学中的表现力。益民没有说,但我能体会到他对这一偏颇的批判意识。

再比如,与旅法作家邹凡凡对谈,益民问着问着,突然跑了题——"您的孩子在法国读小学了吧?从家长的角度,您对法国的学校教育印象最深的是什么?"这也是一个意有所指的问题。邹凡凡回答说:"比起中国,法国小学的学习轻松极了。……家庭作业少到令我惊慌失措的地步,很少出现不能在半个小时内全部完成的情况,通常只要十分钟。他们好像不怕输在起跑线上,却怕毁掉孩子的童年。"我相信,听到这样的回答,益民一定有正中下怀的感觉。

很显然,因为益民采用儿童和成人的双重视角,生发出了独特的问题意识,使访谈既增添了趣味性,也增加了厚度和丰富性。

第三个特质是具有将儿童读者视为阅读主体的意识。

在《后记》中,益民明确说,"这是一组献给孩子的人文访谈录"。我在前面说过,这部访谈集具有视野的开阔性,这说的是访谈内容,其实,将访谈集的读者定位于儿童,这也呈现出益民对儿童阅读的广度的理解。

这部访谈集共计访谈了二十八位不同领域的人士,可是书名却是"三十人行——给孩子的人文访谈录"。益民在《后记》中如此回应——"为什么是'三十人行'呢?书中,二十八位嘉宾将向你娓娓道来。一旁,是穿针引线的我。还有一个重要的参与者,就是你,亲爱的读者朋友。我们一道,'三十人行'!"原来,益民将儿童读者拉了进来,邀他们一道参与完成这本书。这是很有道理的。在接受美学看来,一部作品的最终完成是在读者的阅读之中实现的,作品的审美功能、教育功能和娱乐功能也是在读者的阅读过程中实现的。

  我还想说,具有儿童读者的主体意识,这也许与益民是一位十分优秀的语文教师有关。我听过许多次益民上的各种类型的公开课、观摩课。我在《小学语文儿童文学教学法》一书中,多次介绍、评析益民的那些精彩授课。这些课程有一个共同的特点,就是让学生成为学习的主体。如果学习是一个舞台,那么益民始终让学生处于这个舞台的中央,而自己只是作为学习活动的设计者和引导者,站在舞台的边缘。

  现在,这本访谈集即将出版,接下来就轮到儿童读者登场了……

目 录

吴　然　牧歌抒情，诗意弹唱 / 1
　周　翔　走到哪里，都带着故乡的风味 / 16
　　林世仁　在创作中蹦跳出童年的身影 / 26
　　　萧　萍　让更多的孩子成为"玩童" / 34

　　　王立春　像纸飞机一样空灵地飞 / 50
　　格日勒其木格·黑鹤　与其他生命共享这个世界 / 60
　　李秋沅　我愿安静地为孩子唱歌 / 72
彭绪洛　在行走和探险中延伸想象力 / 83

　　　祁　智　字里行间有好的风景 / 93
　　郁　蓉　张牙舞爪地发挥创作激情 / 108
　　余　雷　写作是游戏般快乐的事 / 118
朱赢椿　天性里还是喜欢玩 / 131

黄　海　科幻要朝向未来、探索人文 / 140
　八　路　军营法则，阳刚品质 / 152
　　邹凡凡　相信世界与人的良善 / 162
　　　孙玉虎　在故事里掏出一个洞 / 172

范锡林　童年生活是一口井 / 187
黄　荭　崇高又稚气，天真而深刻 / 195
杨　成　戏剧为孩子打开一扇窗 / 205
董　蓓　声音的魅力来自真实的感情 / 216

许　鹏　跳出一种文化的质感 / 225
范乐新　梅花盛开，香远益清 / 231
江　兵　谱写一曲凝固的音乐 / 238
施夏明　生就一种安静的书卷气 / 245

郑毓信　关注基本问题与学会反思 / 253
金利波　让每个孩子拥有灿烂笑脸 / 261
苏　健　大海中的诗与远方 / 269
朱　进　仰望星空，对话天地 / 277

附　录　小课堂：如何完成一次高质量的访谈 / 286
后　记 / 289

吴　然

牧歌抒情，诗意弹唱

　　吴然，云南人，儿童文学作家，高级编辑，昆明儿童文学研究会名誉会长。代表作有长篇纪实儿童文学《独龙花开：我们的民族小学》、儿童散文集《天使的花房》《吴然经典美文》《散文向你微笑》《那时月光》《吴然给孩子的写作课》等六十多部。曾获全国优秀儿童文学奖、宋庆龄儿童文学奖、陈伯吹国际儿童文学奖、冰心奖等多种奖项。多篇作品入选包括港台在内的不同地区、不同版本的小学《语文》教科书，其中《大青树下的小学》《走月亮》分别被选作统编版小学《语文》三年级上册、四年级上册课文。

朗读是文字最美妙的飞翔

　　问：您的作品多次入选各种版本的语文教材，《大青树下的小学》《走月亮》入选最新的统编小学语文教材。对于这些作品的阅读，从创作者的角度，您有什么建议吗？

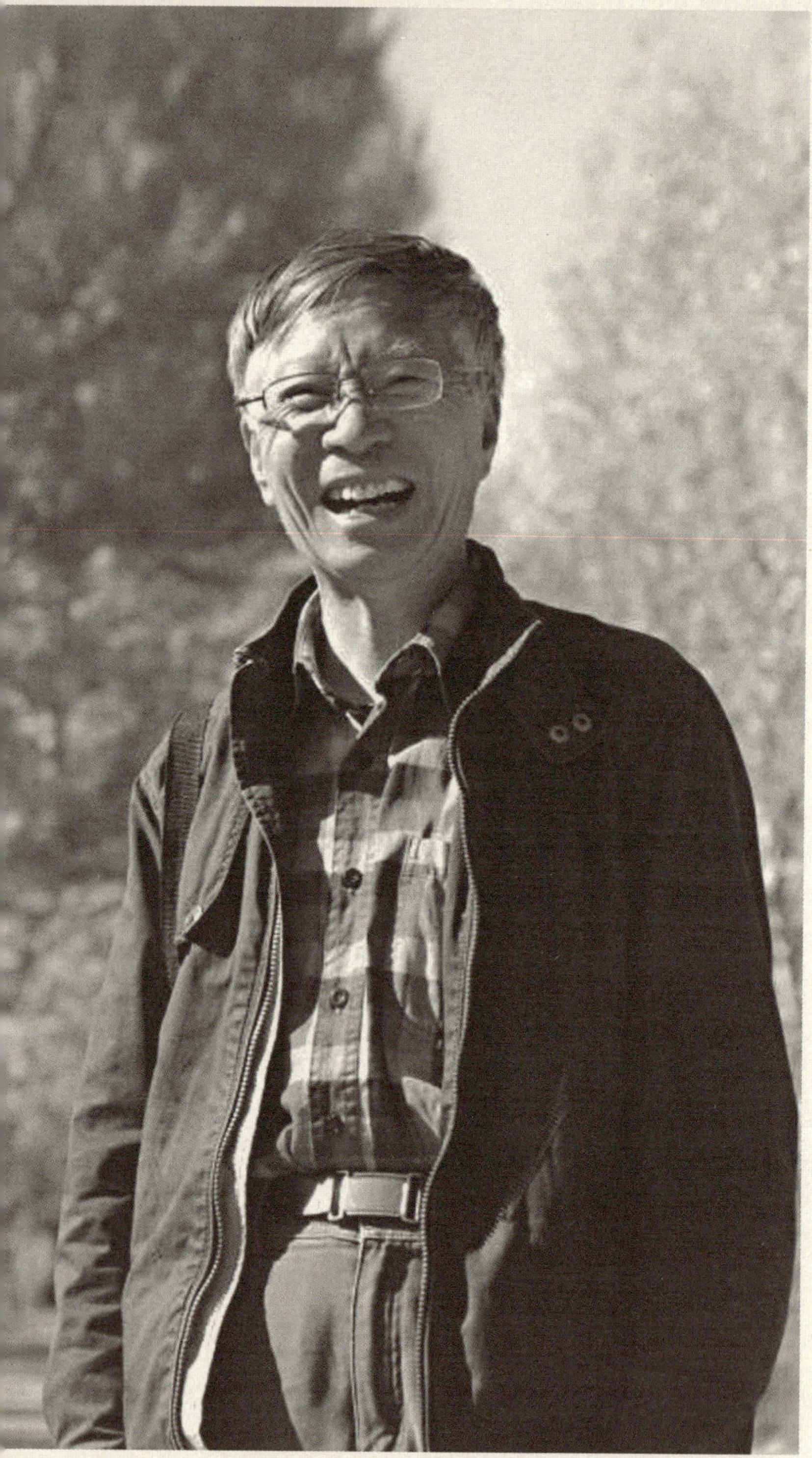

吴　然　牧歌抒情，诗意弹唱

答：选入统编教材的《大青树下的小学》和《走月亮》都是写在一个我随身带着的小本子上的。两篇作品被选入教科书时，编者都对文字做了修改。《大青树下的小学》最初标题是《民族小学》，入选人教版时，不仅文字有改动，叙述人称也从第三人称变为第一人称，标题改为《我们的民族小学》，这样读起来更亲切，洋溢着一种发自内心的自豪感。被选入统编教材时，编者再定题为《大青树下的小学》，对文字又做了精到的改动，依然把它安排在第一课。

吴然《大青树下的小学》　　　　吴然《走月亮》

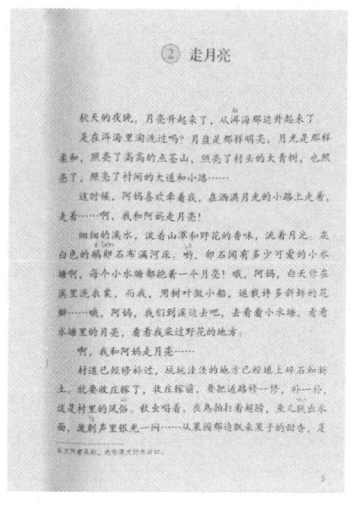

关于这两篇课文的阅读，我说点粗浅的想法，供老师和同学们参考。

散文是文学的一个重要文体。它的特点是注重记叙、描写、抒情和议论。我觉得在这两篇课文的教学中，老师首先要带领学生有感情地朗读。以前我读小学的时候,老师说,字在书本里睡着了,你要大声地读,把它们喊醒。老师说得很生动,我一直记得。朗读是激活文字最好的形式,朗读也是文字最美妙的飞翔。

另外,建议对课文进行深阅读,这既有助于对课文的理解,也有助于练习写作。比如《大青树下的小学》,结构完整,层次清楚,笔调欢快流畅,从来到学校,到敲钟上课,再到下课,记叙有条理,也很完整,而且详略得当。老师可以在这个基础上,来讲解叙述和描写。如第一段,用了"从……从……从……""有……有……有还有……""向……向……向……"这种连续不断的排比句,显出了语言的节奏感,读起来有起有伏,有一种音乐的旋律。而第二段,只用"当,当当!当,当当"表明敲钟上课了,很简洁,重点是细致地描写上课,以及下课后同学们和小动物玩耍的情景。最后一段是抒情,用很有画面感的简洁文字抒发对"大青树下的小学"的热爱与自豪。这段文字不多,但提升了整篇课文,展开一幅图画让同学们欣赏回味。新教材在编写时对标题的改动,显然是点睛之笔,不仅把"大青树"作为云南一个独特的文化符号种植在同学们的心里,而且"大青树"也具有一种象征意义,即各民族的孩子在祖国这棵"大青树"下团结友爱地共同学习,与自然和谐相处,幸福快乐地成长。整篇课文把记叙、描写、抒情自然地融合在一起,通过自主阅读和老师的讲解,同学们可

吴　然　牧歌抒情,诗意弹唱

以观察自己学校的特点,练习写作,并在记叙、描写中学会抒情。

至于《走月亮》这篇课文,我在写作的时候,比较注意语言的提炼,很有点儿散文诗的味道,有的还跳跃地押韵,非常适合朗诵。文中反复出现的"啊,我和阿妈走月亮",就像浸润着洱海的月光,在母爱与亲情的温馨吟唱中,徐徐展开大理苍山洱海如诗如画的迷人风光和民族风情。

课文的第二段,用了排比的句式:"是在洱海里淘洗过吗?月盘是那样地明亮,月光是那样地柔和,照亮了高高的点苍山,照亮了村头的大青树,也照亮了,照亮了村间的大道和小路……"随着"照亮了……照亮了……也照亮了……"这种吟唱的推进,不仅让我们看到一幅幅被月光照亮的景物图,我觉得还应该注意作者观察月光照亮景物的角度:从远到近,从大到小。这既符合自然的习惯,又很好地突出了环境本身的特点。

又比如要求背诵的第四段,说溪水"流着山草和野花的香味,流着月光",说"每个小水塘,都抱着一个月亮",老师在讲解的时候,可以启发学生欣赏这样的句子,想象溪水的美,体会"流着山草和野花的香味",以及小水塘都"抱着一个月亮"的动感和拟人化的手法,进而感受文字的美和童趣。

把感动中的美丽写进我的散文

问：您的解读让我们领会到了作品的形式之美和意境之美。您的作品中，为何总有神秘美丽的彩云之南？

答：我是云南人，从小生活在云南东北出"火腿"的宣威，长大后到过云南很多地方，包括边远的少数民族村寨。那时，我住在少数民族同胞家里，在火塘边喝酒吃肉，也笨拙地和他们围着篝火唱歌跳舞。多年来，我几乎跑遍了云南，不仅领略到它的美丽、神奇、丰富，也感受到云南民族民间文化的多样与多彩。我总觉得"云南"这两个字弥漫着一种不可言喻的浪漫与芬芳，很想捕捉这种飘忽在云南大地上空的、不可思议的、捉摸不定的神秘气息，在歌唱大自然，歌唱人类的爱与温情中，让孩子们领略云南的美，唤起他们对大自然的惊喜与热爱。我的散文，从不曾离开我所生长的云南这片风物奇异的土地，不曾离开这片土地所滋养的一切活泼的生命。

我写得较多的是童年散文，童年有许多美好与温柔让我久久回味。当然，我也不是全靠记忆来写作，只是把童年找回来细细端详，重新回味，重新想象，从而唤起我的童心。这样的童年多少已经艺术化了，既遥远又现实，时间概念完全模糊了。作家不能全凭记忆写作，记忆永远不能代替生活本身的生动性和丰富性。记忆只有融入现实，与当下相结合，才能保持新鲜与活力。生活复活了记忆，给了记忆以新鲜的魅力，并使记忆在现实中获得共鸣，焕发光彩。

我写了一些短小的、牧歌式的抒情之作，在儿童散文中做诗意的弹唱。这当中，有的是以云南少数民族儿童生活为题材的散文、散文诗，如《泼水节》《鲜花节》《闹春牛》等。我想从丰富多彩的民族生活，比如从他们的传统节日中发现诗意，发现美，让这些不可复制的古老的民族文化遗存焕发新鲜的、现实的美。在这些节日中，孩子们是最快乐的参与者，而有的本身就是孩子们自己的节日。

当然我知道，云南边疆还有不少贫困山区。许多孩子还打着赤脚，衣服上有很多补丁，手上脸上有很多泥垢。山村学校也很破旧，是孩子们的读书声，是孩子们的欢声笑语和打闹，掩盖了它的简陋，并让你对它贫穷中的美丽肃然起敬！我在一种美丽的感动中，为孩子们写作，我把感动中的美丽写进我的散文。

作家就是播撒文字种子的人

问：您的散文很适合朗读，语言清澈、干净，内容适合抒情。您是怎么打磨语言的？

答：文学是语言的艺术，散文对语言似乎更苛求、更讲究，儿童散文尤其是"浅语的艺术"，如鲁迅先生所说，"不用难字"。我们的母语有无与伦比的美，它的形、声、义，都是美的，是充满想象力的。文字好比是种子，作家就是播撒文字种子的人。而我就像农民一样认真地挑选颗粒饱满的文字种子，把它放在最恰当的、唯一的、不可替代的位置，创作出供孩子们阅读欣赏的作品，从而把母语种植在他们的心里。在多年的写作中，我喜欢童心跃动而又朴素清新、自然多彩的语言。为孩子们写作，其实也是在享受着这种美妙的创作的快乐。

应该说，作家对每一个字都是一视同仁、不分亲疏的。文字本身也不分美丑贵贱，每个字各有其特点，只有把握、了解每个字的特点、个性，才能用好。杜甫的"两个黄鹂鸣翠柳，一行白鹭上青天"；李白的"孤帆远影碧空尽，唯见长江天际流"；王维的"明月松间照，清泉石上流"；苏东坡《赤壁赋》中的"江流有声，断崖千尺。山高月小，水落石出"；等等，这些经过不同时代，不同作家挑选、搭配、镶嵌在诗文中的文字，是何其之美！它们不能移动，不能调换。如果单看每一个字，个体的字，你也许说不出它的美或者美在哪里。但是，一旦被这些作家天才加以创作，它们一个个便鲜活如水中的游鱼，充满生命力与灵性，迷人极了！

我觉得，每个作家都会有自己的字库、词库，都在不断丰富自己的字库、词库。怎么丰富呢？字在生活中，字在书本里。收集生活中稍纵即逝的字词，是作家的基本功——观察、倾听、体会、记录……养成习惯，一刻也不能停下。而固定的字词，都在书本里。这就要阅读，大量地阅读，让这些字词成为你的士兵。执笔写作时，你是将军。作为将军，你要懂得每一个士兵，爱每一个士兵，这些文字的士兵，才会听从你的指挥，去冲锋陷阵打一场胜仗，也就是完成一篇好文章。

作家的语言习惯各不相同，我喜欢用新鲜的语言写作，很少用成语。这一点，小学语文研究专家、儿童文学博士王林在谈到当年选入人教版三年级下册的《珍珠泉》一文时，和我有同感。他认为《珍珠泉》有个特点是"很少用成语"，他说"成语在文章中是一柄双刃剑，在概略、准确表达的同时，可能会失掉丰富性"。例如《珍珠泉》在第一自然段如果只用几个诸如"山清水秀""曲径通幽"的成语，原文的丰富性和形象性就会大打折扣了。再如，在描写泉水的清时，没有简单用"清澈见底"来概括，而是写在很深的潭中也"能看到潭底青褐色的石头，能看见沉积在潭底的沙砾和已经发黑的树叶"。在写水泡时，也不是用"五光十色"之类的成语来概括，而是用形象的、想象的语言，细细地写水泡的浮升，写"太阳筛下一束束金光，照在水面上，照在正在升起的水泡上，一直照到水面和潭底青褐色的石头上。水面和潭底，金色的光斑和银色的光斑交错着；水泡闪亮闪亮的，射出红的光、黄的光、绿的光、紫的光……"有了这些具体、生动、色彩丰富的描写，才有了《珍珠泉》。

另外，我还喜欢使用动词，习惯借助比拟、借代等手法。如《走月亮》第四段中，写"细细的溪水，流着山草和野花的香味，流着月光"，"每个小水塘，都抱着一个月亮",等等。一个"抱"字,既是动词,又是拟人化的手法。而如果仅仅说"流着山草和野花"就平淡了,说"流着山草和野花的香味"就不一样了,就升华了语言的表现力,就有了语言的新鲜感或者诗意。

我觉得写散文,首先要过的就是语言关。语言是散文作家的试金石。当然,"打磨"是长期坚持的功课,在这方面没有捷径可走。如前面说的,只有多阅读,勤练笔。

怀着一颗童心,安心地、安静地为孩子写作

问:您认为儿童散文作为散文家族的一员,具有怎样的特质?

答:正如你所说,儿童散文是散文家族中的一员。它的特质体现在"儿童"这两个字上。我在写儿童散文的时候,常常会把自己想象成一个儿童,以儿童身份去完成一篇作品。于是,我散文中的"我",有时候是纳西族或傣族小姑娘,有时候又是布朗族或白族小男孩。多年的练习,我逐步发现儿童散文和一般散文的不同,主要在于儿童散文的写作,大多采用儿童视角。所谓"儿童视角",应该包括儿童的眼光、儿童的心理和儿童的想象,也就是要有童心。比如在儿童的眼里、心里和想象里,一个小板凳或是一根竹棍都是有生命的,都能当马骑,并能驰骋千里。同时我觉得,不同的想象就有不同的散文。给孩子们写散文,不能拘泥于某种形式,要张开想象的翅膀去飞翔。

2010年12月吴然在深圳中央教育科学研究所南山附属学校

问：您的创作受到哪些前辈作家的影响？

答：我平时读书较杂，就散文而言，可以说古今中外的，逮着什么读什么。高中毕业去当工人的时候，我第一次拿到学工的生活费后，在县城新华书店买的第一本书，是郭风先生的散文诗集《英雄与花朵》。我喜欢这本薄薄的小书，背得出里面的许多篇章。后来我调到昆明供电局当巡线工，在出恐龙化石的禄丰县城里，居然买到冰心的散文集《小橘灯》。再后来我调到《云南日报》社工作，创办了由冰心题写刊名的《小橘灯》儿童副刊。我练习儿童散文的写作时，给我直接影响的就是冰心、郭风两位前辈。一是他们的作品，二是他们的人格。

1983年我准备出版一本儿童散文集，便把一束剪报寄给郭风前辈，请他指教，看能否写个短序。郭风前辈收到信和剪报后，欣然提笔写了篇序文。序文中说他"深深为之感动的"，是我的"这些作品是特地为我们的孩子们写的"。

1986年，为感谢冰心老人为我编辑的《小橘灯》儿童副刊题写刊名，报社送了一小架大理石画屏给她留念。我顺便送上郭风前辈作序的散文集《歌溪》向她请教。冰心老人给我写了一封短信，说"给儿童写散文不容易，要有童心。你的散文小集，朴素自然，我很欣赏"。在我儿童散文写作起步之初，两位前辈就及时地给予我鼓励，我的感激和感动自不待言。我更看到了这种鼓励后面的良苦用心，就是鼓励我安心地、安静地为孩子们多写散文。

阅读要"吃杂粮"

问：对于小学生的散文阅读，您有怎样的建议？

答：我一直强调阅读要"吃杂粮"，读散文也一样。《走月亮》这篇散文，就是我读《浮生六记》这本"闲书"受到启发而写出来的。这本书中记载："走月亮"原是旧时江浙一带的风俗，即在中秋节的晚上，当月亮出来的时候，年轻妇女们不论大家小户，都会出来在月光下"结队而游"，祈求美好的未来。看到"走月亮"这三个字，我眼热心跳，一下子想起小时候和母亲踏月夜归的种种情景，于是借用了"走月亮"这三个字，并把背景放在与"洱海月"相映照的洱海边,写下这篇歌颂母爱亲情的散文。我觉得同学们读散文也要杂、要广。先在广泛的阅读中养成读书习惯,培养自己对文字的敏感;再结合自己的爱好,有选择地阅读。比如循着课本中散文作家的作品,把人民教育出版社王林老师主编的"课文作家作品系列"中的散文集找来选读,从而把课堂学习和课外阅读结合起来。课本只是引导,更多、更广阔的阅读应该在课外。

此外,要读写结合。通过练习写作,也可以是仿写,来提高自己的写作水平。仿写不是照抄,而是学习作家谋篇布局、选词造句、描写抒情的方法,从而提高自己的表达能力。

问:请给小学生推荐两本散文集,国内国外各一本。

答:适合小学生阅读的优秀散文作品实在是太多了!只推荐两本实在太难,我思来想去,国内国外各推荐一本吧!

国内,推荐作家孙卫卫的《小小孩的春天》。这本书荣获第九届全国优秀儿童文学奖。孙卫卫是一个很安静的人,安静地读书,安静地写作,如曹文轩教授所说,他是"一个沐浴在书香里的人"。孙卫卫的文字,惊人地朴素、干净。他爱惜文字,也挑剔文字。他这本书中的散文,你任意翻看一篇,读来都会心动,都会会心微笑。这本书能引发

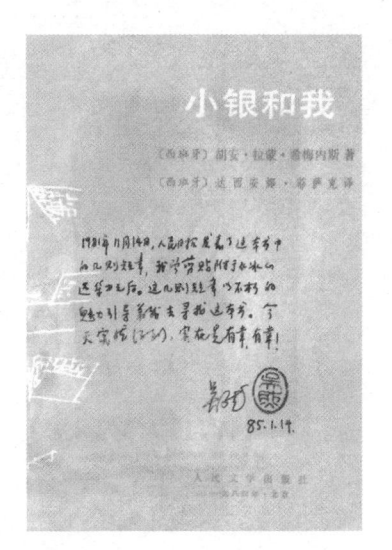

[西班牙]胡安·拉蒙·希梅内斯《小银和我》

读者对童年的回想,并触摸到一个孩子的春天。

  国外,推荐西班牙作家、诗人胡安·拉蒙·希梅内斯的《小银和我》。这本享誉世界的名著,译者是西班牙有名的汉学家达西安娜·菲萨克。从译后记中,我们知道,这本书在西班牙国内,自1937年起几乎每年都有再版。所有西班牙语系的国家,都选它作为中小学的课本,因此它成为一本家喻户晓的作品。相信我们中国的小学生,也会把这本《小银和我》作为自己一生都不会错过的心爱的散文读本。

(2020年4月访谈)

吴 然 牧歌抒情,诗意弹唱

周　翔

走到哪里，都带着故乡的风味

周翔，毕业于南京艺术学院美术系。知名图画书作家、资深图画书编辑。其创作的图画书多次获得国内和国际大奖。《荷花镇的早市》2006年在中日同步出版，并获得第一届丰子恺儿童图画书奖"优秀儿童图画书奖"；《一园青菜成了精》获得第一届丰子恺儿童图画书奖"评审推荐图画创作奖"。

创刊《东方娃娃》

问：有人称您是"把图画书引进中国内地第一人"，这是指1999年创刊《东方娃娃》吧？能简单介绍一下当时的情形吗？

答：首先，一件事情的成功包含许多因素。中国图画书的发端是很多前辈打好了地基，许多出版人为此做出了贡献，我们又遇到改

《东方娃娃》创刊号

革开放的好时代，站在前辈的肩膀上接过了他们要做的事情，才实现了他们的愿望。可以说非常幸运。

另外，我们也是从孩子那里学习到了好图画书好在哪里。创刊初期，一个同事告诉我，他看到一个孩子走到哪儿都夹着一本书，孩子这么喜欢这本书引起他的注意，拿过来一看，是一本国外科学图画书。科学图画书很难做，弄不好就做成了教材。一本能够让孩子喜欢的科学图画书一定有其过人之处，这引起了我们的好奇。我们找来那本书研究学习，发现这本书的编辑观念与传统的编辑观念完全不一样，这本书是站在孩子的角度去解读科学知识。以儿童为本的编辑观念让我们明白，只有以儿童为主体才能做出孩子喜欢的好书。

然后，还是改革开放带来的福音。那时江苏和日本的文化交流频繁。南京还成立了中日江苏儿童美术交流中心。来往的都是现在赫赫有名的人物：松居直、鸟越信、前川康男等。他们带来了图画书新观念，为我们开启图画书编辑、创作之路提供了灵感。这样的文化交流延续了好多年，不仅影响了编辑，还使许多创作者获益。

时间的表述×空间的瞬间=图画书

问：您认为通常意义的画家和图画书画家，最主要的差异在哪里？

答：画家与图画书画家是两个不同的行业。画家用一

18

毛毛，
回家喽！

耗子大爷在家吗？

轻轻推开那扇门

外星人收破烂

幅画表达自己的情感，创作里面包含自己的生活经验，有很强烈的个性逻辑。而图画书画家是做书的人，是用图来写作的作家。他们用连续的图画说故事，运用文学的逻辑关系来作画，从而形成图画书特有的品质。这是两种不同的艺术表现形式。

比如达·芬奇的《蒙娜丽莎》，凝固了人物瞬间的表情，让观众感受到画中人物微笑的不朽魅力。这是独幅画的作用。要是说蒙娜丽莎的故事，那么独幅画的边界就要被拉长，延伸开去，要用连续的图画来叙述情节发展，要用细致的描写来使故事引人入胜。这就是书的作用。对画家和图画书画家，大家容易因为"画"字混淆了这两个概念，而忘却了书的功能。

问：对于图画书的艺术特点，您有一个观点：时间的表述×空间的瞬间=图画书。能结合某部作品解释一下吗？

答：文学是通过情景、情节等描写让读者感觉到时空的变化，图画只能表达二维空间，两者结合后才能造就图画书独特的艺术形式。

以前，照片显影要在黑暗中寻找，一点一点反复冲洗才能让模糊的形象显现出来。在图画书里，文就是底片，依靠画家显影，画家要在文字里寻到作者埋藏的故事核心，用画笔将其"冲洗"成清晰的形象。

比如《母鸡萝丝去散步》，一只母鸡去散步，后面跟着想吃掉她的狐狸。作者通过穿、绕、翻、钻等动词来描述母鸡散步的过程，即时间的进展；我们看到的画面是母鸡散步的空间场景。两者结合，再通过翻页，图里的时间、空间就在书页之间发生变化，产生连续持久的趣味。

创作是一个"化"的过程

问：在《荷花镇的早市》《一园青菜成了精》等作品中，我们很容易读到其间散发的地域风情。这样的创作，您主要是依靠调动自己的童年经验，还是去实地采风？

答："风"是一个有意思的字，一方风气、风水养一方人。

岁月的风吹进了生活，无论你走到哪里，都会带着故乡的风味。

创作是生活的转换，是一个"化"的过程，犹如老庄的梦蝶。创作者要懂

周翔《荷花镇的早市》

周翔《一园青菜成了精》

周翔　走到哪里，都带着故乡的风味

"化",要"化"成那个对象,功夫不只在技术,更在精神上的修行。只有进入无我的境界,才能完美表达出其独特的真姿。旧时,东京有一个吹笛人清兵卫,为了在舞台上吹出一代美人小野小町衰败枯槁的晚年心境,他每天只喝粥,让身体慢慢枯竭,让其舞台之姿有如幽魂。我喜欢这种对"化"的追求。一个创作者入了无我的境界,"从那里开出的花,才是真正的花"。我还达不到忘我的境界,在创作过程中常常露出私心的尾巴,在这方面我还得老老实实地修行。

曾经有读者问我,《小美的记号》后环衬那棵大树是什么树。我从小就喜欢自然风景,喜欢看树的姿态,在我看来,每一棵树都有自己的风情,摇曳的枝条,如烟的柳叶,都让我看不够。书里这棵树我是想着南京梧桐来画的,也是树留在我心里的一种风情。

《小美的记号》后环衬

问：我去过您的工作室，您的藏书种类十分丰富，还有不少哲学书。这种阅读对您的创作有影响吗？

答：出版是帮助读者挑选作品。在编辑心里有一条标准线，选择作品对编辑来说是选优的过程，编辑判断图书价值的能力、编辑文学艺术的素养等，最终决定了书的品质。因此，阅读对我来说是开眼的过程，也是创作的日常营养来源。

通过翻、看、读三步来选书

问：对于孩子和家长挑选图画书，您有怎样的建议？

答：你用了"挑选"这个很有意思的词。在抚养孩子的过程中，每个家长都会为了孩子的健康，用心去选择品质讲究的食材。孩子的精神成长也同样需要家长以这样的态度来选择阅读"食材"。家长的阅读观念、口味，决定其挑选的眼光。家长在自己阅读的过程中渐渐培养出好眼光，到了给孩子选书的时候，自然会辨识出书页里的风景。

问：从方便家长操作的角度，对于一本图画书的品质，我们可以从哪些方面衡量呢？

答：可以通过翻、看、读三步来选书。首先，通过连续翻页，大概看看能不能读懂故事内容；其次细看画面，看图像是否给你美的触动，细节是否动人；最后读一下文字，看它是不是口语化，文字是否顺畅。

为何？

第一，翻看可以看出作者用图讲故事的能力，因为孩子是用读图来连接想象力的，不能流畅地说好故事的图画会让孩子的想象力失去牵引。这一点在挑选图画书时很重要。

第二，细看画面，可以看出画家艺术表达的力量、境界，文学的诗意及审美的格调。这需要家长具备审美的眼光，这也是家长的功课。

第三，读文字，特别要看它是否口语化。书面的语言适合小学生读，图画书是读给幼儿听的，口语化的文字适合这个年龄段孩子的特点，也是图画书非常重要的特质。而这个口语是要精心创作的，它讲究顺畅、有节奏、韵律感强等。

审美眼光要从童年开始培养

问：对于有志于将来从事绘画创作的孩子，您有怎样的建议？

答：审美眼光要从童年开始培养，"三岁看大"，古语含着美育的成分。童年是学习语言的最好阶段，同时也是审美培养的关键期。培养好眼光，技巧只是其中的一部分，过分关注技巧反而会让孩子审美弱视。如果养成了"手敏有余，闲心不足"的习惯，就难以纠正。因此，审美教育就是要让孩子生长在艺术的桃花源里，让他们享受美好，引导他们学会分辨，知道怎么做是过度，怎么做叫不及，知道得体，知道文雅，讲究细微的差别……这样，在与艺术相伴的过程中就会渐渐学会审美。一个人只要养出了好眼光,再起身去画画也会"立地成佛"。

问:请给孩子们推荐两本图画书,中外各一本。

答:这对我来说有点儿困难,我试着推荐两本书,但还是建议大家按自己的阅读口味去找书,这样才会自得其乐。

《安格斯和鸭子》。安格斯是一只小狗,对外面的世界充满了好奇。一天,他隔着篱笆听到另一边发出的怪声音,好奇心让安格斯钻过篱笆,看到两只鸭子在水槽边喝水,他赶走鸭子自己跳到水槽里得意地扑腾,一会儿两只鸭子转身过来,嘎嘎嘎啄赶安格斯。安格斯吓得跳出水槽,一溜烟跑回家去了。一个很简单的故事,仿佛孩子之间的游戏,你来我往、打来斗去的顽皮让你看到书中的孩子气,也笑着回到儿时。我喜欢这本书。

《一园青菜成了精》。这是我十年前的作品,举贤不避亲。它改编自中国的民间童谣,我用图画语言演绎出了游戏的味道,顽皮有趣,也因为书里有孩子,得到了许多孩子的认可。斗胆推荐。

(2019年6月访谈)

林世仁

在创作中蹦跳出童年的身影

林世仁,高高瘦瘦,喜欢大自然,喜欢听黑胶唱片,喜欢用新鲜的眼光来看这个的世界,觉得生命就像一场神奇的大魔术;台湾文化大学艺术研究所硕士,曾任英文汉声出版有限公司副主编,目前专职从事童书创作。

作品有童话《精灵制造机》《猜猜海洋》《魔洞历险记》《字的童话》系列、《换换书》《不可思议先生故事集》《文字雨》,童诗《古灵精怪动物园》《字的小诗》系列、《我和湖水握握手》《谁在床下养了一朵云》、图像诗《文字森林海》等五十余册。

曾获金鼎奖、国语日报牧笛奖童话首奖、《联合报》《中国时报》"好书大家读"年度最佳童书、九歌年度童话奖等,台湾第四届华文朗读节焦点作家。

游戏精神造就灵感巨人

问:您有本诗集《古灵精怪动物园》,那些古灵精怪的点子是怎么想出来的?

答：从脑细胞里蹦出来的呀！我在写这一类的作品时，都像在玩游戏。人在玩游戏时，是最有创意的时候。在写这些有趣的诗文时，游戏精神造就了灵感巨人！只要我觉得好玩，创意就会自己一直来、一直来……我只要准备好灵感天线，就能自动接收、转台！

林世仁《古灵精怪动物园》

问：图像诗、数字诗、押韵童话、对经典童话小红帽的颠覆等，您总是创意不断。您是不是总想着别出心裁？

答：别出心裁应该是大部分作家都希望能做到的，但是我在创作时倒没那么特意去想它。我只是响应那些呼唤我的灵感，觉得它们很好玩，想把它们接生出来。好玩的东西通常跟一般的点子不一样，充满新鲜感，容易突出来。很自然地，我好像就很容易写出别出心裁的作品。其实，是因为一般的点子或模式都不吸引我啊！

也许，哪天等我的情感能量追上了我的想象能量，我也会去写一些平常的主题，试着在平常中写出一些厚度。那是我对自己的另一个期许。

三十人行
给孩子的人文访谈录

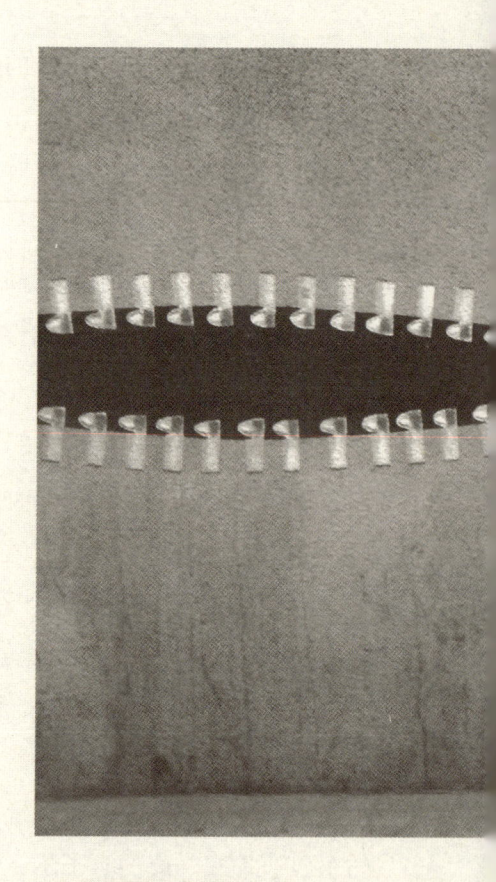

28

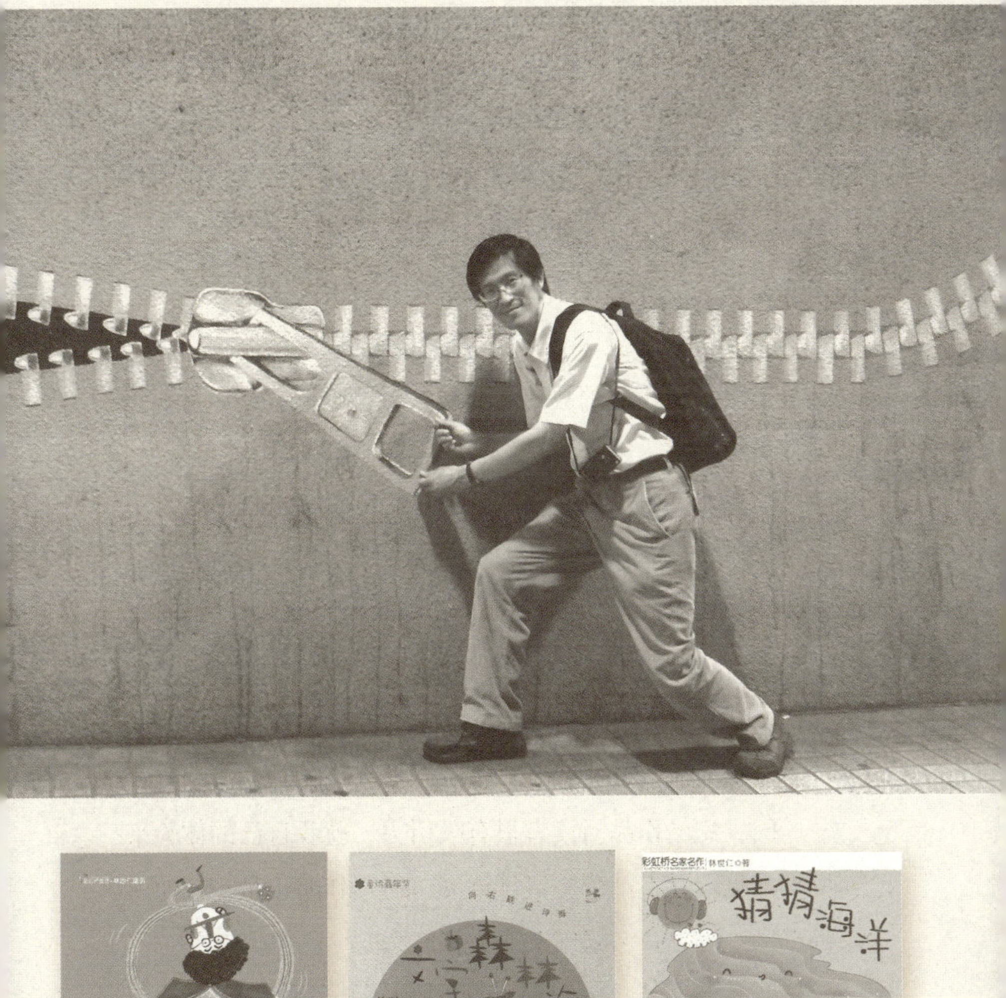

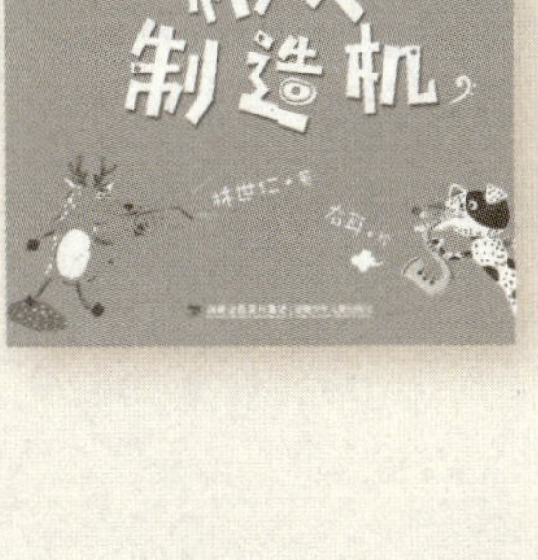
精灵
制造机

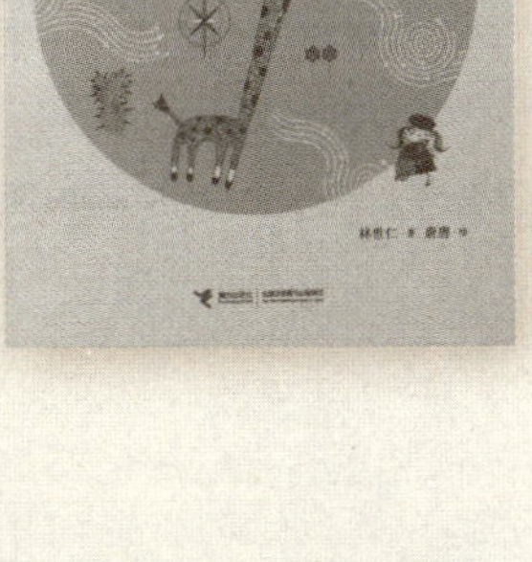

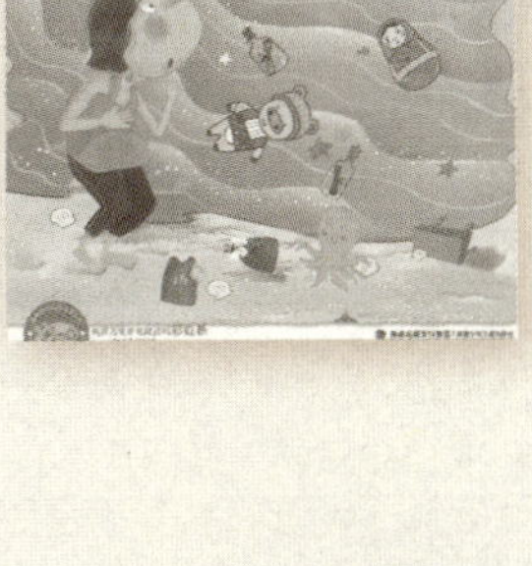
彩虹桥名家名作 林世仁◎著
猜猜海洋

我在童书创作上有两个老师

问：您的创作受到过前辈作家的影响吗？

答：我常说我在童书创作上有两个老师，一个是小学一年级的小男生，他的随手画让我发现童心可以再造世界——你只要说有光就有光！任何一个线条都可以变身成世间万物。另一个老师是德国作家米切尔·恩德（Michael Ende），他的《火车头大旅行》是我的童话启蒙书，《毛毛》《永远讲不完的故事》我也很爱，希望有朝一日能写出那样的童话。

应该再追加一本——格雷厄姆的《柳林风声》！这本书是我在研究所时读到的。它是我长大之后，第一次回头读的童话。它让我发现，原来童话也可以写得这么美，这么有文学性。它在我心里埋下了一个想法：嗯，未来如果有机会，好像可以来写写童话哟！很高兴，这个想法成真了。

问：您的作品对读者很有吸引力，就我自己的体验来说，一旦捧起，就想一口气读完。您写作时也是一挥而就吗？

答：其实，除了字数少的《企鹅热气球》一天半写完，《换换书》一天写三则，《字的童话》一天一篇，其他作品很少是一挥而就的。倒是童诗比较例外，经常可以一挥而就——因为字数少，灵感到成品的距离最短！当然，即使是童诗，也有屡看屡改的时候。我有完美主义的坏毛病，创作时会改，校对时会改，偶尔书都出版了，再一翻看还会想着：哎呀，这里没改到！

艺术会丰富人生

问：在生活中您是个善于搞怪、创意很多的人吗？

答：哈！完全相反。在生活中，我可以说是无趣之人，每天过着一样的生活，吃一样的饭，走一样的路。

我想，艺术有时不是反映人生，而是弥补人生。在生活中不敢撒野的，就到艺术中来打滚吧；在生活中一成不变的，就到创作世界里来天马行空吧！这也是艺术的妙用——艺术不仅仅只是响应人生，还会反过来丰富人生。

可以说，童书创作让我在生活中过着中年大叔的"固态生活"，却在创作中蹦跳出童年的身影。

我也很喜欢出去玩哟！旅行可以让我去吹不一样的风。

问：对于今后的创作，您有怎样的规划？

答：希望把脑海里的灵感，好好接生出来，变成好看的书。

这句话包含了三点：

第一，我写得太懒散——还好持续而坚持——很多灵感在脑细胞里放太久，一拖十几年的还真不少！有些不是快风化，就是快变化石了。我很想把它们早早写出来，不然都不新鲜了。其中有几部长篇童话，是我特别想写出来的。

第二，希望把灵感变成作品的能力再增强！有时我会觉得脑中晃过的灵感很好，但笔下的文字没写好，可惜了。在文字上更精进，应该是所有作家的终身功课吧！我希望未来自己能不刻意而写出好文字，让书写像呼吸一样自在。

第三，希望书都能像艺术品一样。这就需要插画家、美编、出版社一起来努力了。

未来，希望这三点都能有好的呈现。

回到现实，我目前最有规划的，都是被人规划的。刊物上的专栏是我最常笔耕的区块，目前我在报刊上的专栏有童诗"看图说话"和"字的小诗"，解说童诗的"诗想家"和"诗眼咔嚓"，介绍汉字的"仓颉办公室"，介绍文化、艺术的"从名词看文化"和"艺术面对面"。这些都是我有兴趣的内容，是我纯创作外的平行宇宙。只是专栏接得多了，时间上便有些小压力。未来，希望我的纯创作也能跟上，能取得好成绩。

总之，我很希望自己能持续进步，在创作上一直维持一种向前的姿势。

要和书面对面

问：对于小学生的阅读和习作，您有怎样的建议？

答：我觉得，持续阅读的收获大于大量阅读，不必把课外阅读当成拼功课、赶进度的事，尤其不需要每看完一本书就写一篇学习单——化成课堂上的讨论倒很不错。最好让小朋友觉得阅读是很愉悦的事，能养成自发阅读的好习惯。因此，要留时间让小朋友自己阅读，和书面对面，而不是和老师、家长、同学面对面——这也很重要，但不能占满课余时间。去找自己感兴趣的书，轻松地看，有感觉地看。

习作嘛，不要造成小朋友的反感就好。仿作要小心操作，只能当成语文练习，不要变成创作方法。仿写作品不应该离开教室，例如投稿，免得误导小朋友。

问：请给孩子们推荐诗歌和童话各一部。

答：我的作品：童诗《古灵精怪动物园》（贵州人民出版社），童话《不可思议先生故事集》（中国少年儿童出版社）。

其他作家作品：童诗，谢尔《阁楼上的光》；童话，E.B.怀特《天鹅的喇叭》。

林世仁《不可思议先生故事集》

（2018年10月访谈）

萧 萍

让更多的孩子成为"玩童"

萧萍,戏剧学博士、上海师范大学教授、儿童文学作家,"非吼叫妈妈"俱乐部联合发起人。代表作有大型儿童音乐剧《蚂蚁恰恰》,系列小说《开心卜卜》(六本)、诗集《狂欢节,女王一岁了》、儿童新话本《沐阳上学记》等。

作品曾获第八届、第十届全国优秀儿童文学奖,第四届中国出版政府奖提名奖,第四届、第五届陈伯吹国际儿童文学奖;作品曾入选国家新闻出版广电总局2016年度大众喜爱的五十种图书等。

长篇童话《流年一寸》入选德国慕尼黑青少年图书馆"白乌鸦"国际书目。

世界真的太好玩了

问:"玩""实验",这是您的作品给我的强烈印象。《蚂蚁恰恰》竟然是一部诗剧,《沐阳上学记》是多文体作品。《蚂蚁恰恰》的代后记甚至就是教孩子怎么玩的"玩的创意工作坊"。那些好玩的点子是从哪儿来的?

答:你所说的玩啊,创意啊,实验啊,多文体啊之类,在我看来都是同义词,核心和潜在的内涵就是对世界的好奇心。

我觉得世界真的太好玩了,如果我们用这样的心情看待世界,看待生活、写作,一切都会豁然开朗。我感觉写作的过程,也是我自己对人生开悟的、豁然开朗的过程,新鲜,好奇。

在你可能还有别人看来,这样写作是一种实验,

萧萍《蚂蚁恰恰》

《蚂蚁恰恰》演出剧照

对我自己来讲,是潜意识的一种自觉。我充满好奇心地去探索,其实就是觉得好玩,就是要探索怎么写才会好玩。

那个玩的工坊,其实就是我写作当中非常随性的、自然的状态。怎么想的怎么写出来就好了。我用一种评论者的立场反观自己,觉得创作是非常放松的状态,你想怎么玩就怎么玩,想怎么写就怎么写。你越放松,越能得到小

三十人行
给孩子的人文访谈录

萧　萍　让更多的孩子成为"玩童"

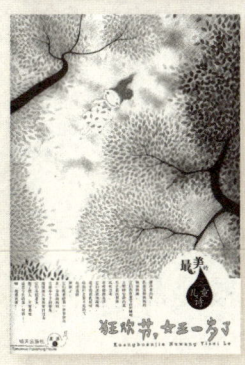

朋友的心领神会。

至于好玩的点子，不是硬想出来的。生活中随时随地都有点子——我觉得身边的大自然非常奇妙，充满了神秘的、暗示的、奇特的际遇——随处都是好玩的事。

很多家长忽视孩子和自然的接触。不少男孩卷个柳叶就可以作为口哨，这就是玩啊，就是一个点子。我现在做的"非吼叫妈妈""动的阅读坊"就是这样，比如有一个环节就是人在自然中站着，去拥抱风，很好玩。

自然是玩的源泉，还有我们自己的生活也是。我写过《煎饼弟弟写给哥哥的信》，煎饼和米糕、汤勺、年糕兄弟、南瓜姐妹之类，这多好玩。我很喜欢做饭，喜欢厨房里油盐酱醋千变万化地和食材组合的味道，那种方阵非常有意思。

在"非吼叫妈妈""动的阅读坊"，有一些妈妈聊到小小孩，这些小小孩的身体就是他们自己的一个大玩具。小小孩把脚指头放在嘴里吮，就是在探索世界。我们"动的阅读坊"强调"动"，不仅仅表演儿童戏的过程是动，身体的律动，随着文字音韵的节拍摇摆，都是动。

关于点子，我觉得是从生活来的，和你自在的、轻松的、具有想象力的生活方式有关，是随时随地的、无穷无尽的。

问：您那么热爱玩，天生就是一个儿童文学作家啊！

答：非常幸运，我成为一个儿童文学作家。我特别喜欢玩，贪玩，沉迷于玩，刚好很多实验性的玩的东西特别适合在儿童文学中呈现。儿童本身就是特别开放的，他在不断地探索，有无限的可能性，而不是说我要特意去突破什么边界。选择这样一个职业，对我来讲是人生的幸事。世界上会有这样一种工作，刚好契合你爱玩的天性，可以放大这种好玩的想法，还可以积攒和吸引更多的人和你一起来玩，真是太好玩了。

我曾经说过，儿童文学的写作是受神明保佑的写作。世界很神奇，遇到儿童文学，成为一个儿童文学作家，这是我最重要的、最幸运的事，没有之一。

诗歌是最适合儿童的文体

问：您玩转了这么多文体，目前最钟情的是哪一种？

答：很感谢你用"玩转"。玩，贯穿在我的整个创作理念当中。

最钟爱的文体，我会毫不犹豫地回答——诗歌。但是，我要补充一句，在我的心里是没有清晰的文体界限的。

其实，对孩子来讲，可能不是这是什么，那是什么，它全部统属在故事里面。文体是评论家区分出来的，是细分的结果。回到儿童文学本体的话，我们可能不需要刻意地把它们分得特别清楚。对孩子来讲，世界妙就妙在它的混沌。这种混沌状态，蕴含了万物有灵这样一种最基础的观点。所以，很多东西是可以模糊界限的。从现实突然掉进一个兔子洞，我们称之为童话，而对小朋友来讲，这其实是另外一种真实。这种真实和虚构，小朋友很难分开。小朋友在上小学前，从儿童心理学来讲，是难以分开现实和幻想的，现实是幻想，幻想也是现实。长大一点儿，社会化程度高一点儿后，他才会说，这是一个故事——校园故事，这是小说，那是童话。

相信童话，相信幻想和现实之间混沌的美妙，可能是儿童文学需要追求的。

这也是我写作《沐阳上学记》时，用多文体的方式进行尝试的原因所在。尽管我创作的时候没有这么明确的想法，现在从评论的角度或者回望的角度来看，我是这样想的。

萧萍《沐阳上学记》

所以，我对文体的概念是混沌的。一定要分的话，我钟情于诗。为什么呢？一个是我在诗歌状态中的创作最自由；另一个，我觉得儿童文学一定是诗的文学。诗可以回到我刚刚说的混沌，回到简约，回到初心。这里面最统领的、最基本的、最结实的、最美妙的就是诗意。

诗歌，有人说是和神交流的最贴切的语言。孩子可能是最接近神的人，诗歌是最适合他们的文体。对儿童文学来讲，尤其对我自己的创作来讲，我希望从诗歌开始。

从我的第一本获奖作品《狂欢节，女王一岁了》，到《沐阳上学记》里的"童诗现场"，包括《蚂蚁恰恰》，我经历了诗歌创作上的一个变化。在《蚂蚁恰恰》中，我是在追求诗歌和戏剧的结合，是一种形式上的创新和实验，赋予诗歌强烈的戏剧化，就是用戏剧化的故事的方式来写诗歌；用诗歌的韵律和节奏，包括美感，来给故事和戏剧增添一种光芒。

到了《沐阳上学记》里的"童诗现场"，我是彻底地敞开式地创作，我特别醉心于儿童日常的口语，当然，这样的口语是经过文学提炼的，我希望这种提炼过程是不着痕迹的。你看到的"童诗现场"就是儿童口语化的，有时候是无厘头的。比如"精灵十三猜"的那种感觉，看起来和《狂欢节，女王一岁了》所表达的旨趣大相径庭。不知道的，可能以为是两个人写的。实际上，这是从一种非常精致的书面语言，到追求纯真的儿童口语的诗意状态。这里面有一点不变，就是我对语言的追求，对儿童语言诗意化的追求。

我感觉，这种追求渗透和贯穿在我对儿童文学各种文体的写作探索当中。

这也可以解释为一个作家希望自己返璞归真的一种努力吧。

玩是一种无用之用

问：您从小就爱玩吗？现在还爱玩吗？对于一个孩子，您认为"玩"重要吗？

答：我小的时候，属于不太爱去外面玩的那种，我不和别的小朋友一起玩那种集体游戏，这是我成长过程中的一个遗憾。我喜欢一个人在家独自玩，可以想象出很多花样。

我长大后写儿童文学，可能是延续了小时候独自一人玩的那种感觉吧。就像《蚂蚁恰恰》后面写的"玩的创意工作坊"的那种感觉。我写儿童文学最快乐的一点，就是体验到了一种类似孩子全身心投入地玩的那种感觉，忘情，不停地向前，前面有一个光亮的东西，让我去探索，这种感觉和我小时候玩的感觉特别相似。所以我感觉儿童文学写作是让人入迷的一件事。

现在的孩子玩得太少了，我们的传统文化里，成人对于孩子的玩好像非常忌讳，比如说有个词语叫"玩物丧志"。一说起这个，我就要说到我们的"玩童剧社"。

玩童剧社是个大学生社团，经常参加我们"非吼叫妈妈"俱乐部的活动，完全由大学生、研究生自发成立。玩童剧社有两个小组，其中一个叫"玩物不丧志"组。他们用超轻黏土做很多小人偶、小玩偶，和小朋友们一起玩。通过玩带动阅读活动，通过玩教小朋友认识世界，通过玩也让大学生自己感受语言的魅力。不是有个词叫"玩味"吗？

孩子玩的时候最投入、最专注。他要想方设法地玩嘛，玩得好，玩得高级，这个时候能最大限度地激发孩子的潜能。他会调动思维力、判断力，还有协调能力、动手能力等。

玩对孩子太重要了，现在的培训班都在对孩子进行一种大规模的知识性训练，玩被认为是无用的。我们提倡玩，儿童文学写作提倡玩，是在提倡一种无用之用。在这个以玩打底的非功利的生命热情上，我希望我们的教育多一点儿关注，让更多的孩子成为"玩童"，成为会玩的孩子。

问：可是，现在不少孩子似乎已经不怎么会玩了。对此，您有什么建议？

答：的确是这样，这是童年最遗憾的一件事，玩与童年渐行渐远。童年就应该是一个大写的"玩"字。

我在大学当老师，看到很多孩子上大学以后，过了高考，就开始疯玩。大学生们提不起学习的兴趣，比较迷茫，沉迷于打游戏等。我觉得这跟他们童年玩的缺失、玩伴的缺失有很大关系。

我一直觉得人生的童年时期是不能跳过的，那些孩子之所以在大学里开启疯玩模式，很大程度上是在补童年的课，因为他们在童年太缺玩了，他们的童年几乎完全在被安排的课程、培训中度过，没有自主地在玩耍中发现自我、发现世界、发现自然的过程。而人生需要有一个这样的自我发现的过程，所以必须补上这节课，这就导致现在很多人在该学的时候，陷入了玩的泥潭。这真的是一个颠倒。

还有一点，大家要有玩的心态，要不焦虑。如果玩时还很焦虑，真就不能称其为玩了。前面说到玩是无用之用，是最没有负担的，是最让你毫无顾忌投入的。我觉得最好把玩这个事情用在各个方面，玩中学就是这样。

在《沐阳上学记》里面我讲到怎样把语文学习拿来玩。比如每一学期我和孩子沐阳都要玩一个游戏，评选出最不喜欢的课文。我们每次都把书一翻，扑上去就看，看完后排出最不喜欢的前十名，然后吐槽，要有道理。对孩子来讲，这满足了他好奇、虚荣、挑战权威的心理。在这个过程当中，批判性思维得到了培养。你必须说服对方，而且不能乱说，这也在培养他的思考、表达能力。

还有玩作文。《沐阳上学记》中有一篇就是作文的游戏，修改作文。拿一篇我的作品，让孩子用他的方式讲出来，讲得乱七八糟都没关系。这个过程实际上就是改写，但它是以游戏的方式来进行的。

另外，我们要让孩子充分接触自然。生活在大城市的孩子，接触自然的机会比乡村孩子少很多。自然万物其实无所不在。我经常跟孩子玩一个游戏——拥抱风。风来的时候，雨来的时候，我们会玩这种和自然密切接触的游戏。玩这些的时候，你在体会，在打磨你的感官，你的心灵会更加敏锐，对身边的事物会有一种由衷的共情。

你看，我随手举出的这些例子都是玩。不是说我们一定要给孩子买高档玩具才是玩。越是高级的玩具，越会阉割孩子对玩的想象力。我希望每个孩子在童年都做一回"玩家"，这才是最成功的童年。大人在陪伴孩子玩的过程当中，自己也变得满怀好奇、重新开始对这个世界的探索，这是非常令人惊奇、惊喜的自我成长。

问：说到玩，现在很多孩子沉迷于网络游戏，引起家长的担忧。您怎么看这个现象？

答：我提倡童年要玩，要会玩，而且提倡家长陪孩子一起玩。玩有很多种方式。作为网络时代的孩子，电脑成为他们的一个玩的工具，一个手段，是非常正常的。对于网络游戏，我们要保持一种审慎的态度，同时要保持一种宽容的心态，这就是孩子成长的环境。我倒觉得，大人们应该有一点儿玩心，应该学会进入孩子的世界，你在痛恨网络游戏的时候，是否真正去尝试过网络游戏，你能不能通过网络游戏这件事和他对话，真正去把握他背后的心理需求。

为了了解沐阳同学的心理状态，曾经有一段时间，大概大半年，我真的和他一起玩网络游戏。我觉得与其焦虑，和他发生冲突，不如用一种和解的方式，用一种好奇、引领的方式做他的玩伴，真正去了解他，从玩伴的角度来提醒他。这样可能更高明。

"妈妈非吼叫,爸爸回餐桌"

问:"非吼叫妈妈",这是您的另一个头衔,也是您的倡导。能说说这一想法的由来吗?

答:十个妈妈九个吼,还有一个,不是不吼,是因为吼得太多,嗓子哑了,吼不出来了。我自己也是如此。"非吼叫妈妈"真的是一种理想状态,当过妈妈的人都知道。我们有没有一种方法,让这种生活状态得到一点儿改变?于是,我和两个朋友一起发起了"三要三不要"的倡议:要耐心不要唠叨,要慧心不要粗暴,要爱心不要吼叫。我们三个年龄相仿,孩子年龄也相仿,大家都是具有"吼妈"潜质的,或者是正走在这条路上,所以需要自我提醒。这个倡议对我们来讲非常恰当和及时,这其实也是反向签约,给自己一个约束,让自己投入到"非吼叫妈妈"的行列中来。

非吼叫妈妈

没想到,这一倡议一经提出就获得了很多妈妈的拥戴、响应。很多女性在工作中面临职业上的压力,回到家还有一摊事,情绪的爆发就难免了。我们提出来做"非吼叫妈妈",就是要妈妈学会控制自己的情绪,学会舒缓自己的情绪，学会和孩子沟通，和自己沟通，和家人沟通，我觉得这是很重要的妈妈成长课程，扩大一点儿，叫家庭成长课程。

我们也提出，"妈妈非吼叫，爸爸回餐桌"。有一年三八妇女节，《文汇报》调查，75%的家庭爸爸不回家吃晚餐。我觉得这不仅仅是家庭问题，而且是社会问题，我们提倡爸爸们回到餐桌，也是呼唤爸爸们承担更多的教育、抚养的任务。一家人在一起聊天、分享、交流，是非常重要的。不是说一家人去马尔代夫度假才是一种仪式，每天的晚餐简简单单、朴朴素素、平平常常，但是全家共进晚餐也是一种仪式。这种分享如果在孩子小时候做得好，在他青春期时与他的沟通就会比较顺畅。

对一个家庭来讲，妈妈是定海神针，妈妈的情绪好了，不焦虑，不纠结，孩子就会比较顺，比较有安全感，整个家庭就会比较舒缓和谐。

当然，"吼妈"也不要太自责，吼也是一种能量，如何把这种气场转化成耐心、慧心、爱心，是每个妈妈的修行。

写作，首先要做一个鲜活的人

问：您的儿子写作文遇到过困难吗？作为一名作家，您是怎么帮助他的？

答：开始的时候，我儿子写作文确实不知道写什么，怎么写，怎么开头，怎么结尾，等等。在我看来，写作就是一种对周围的感知，这需要心灵的敏锐、目光的捕捉力、对万物的发现、对自我的发现。于是，我们编了"非吼叫妈妈亲子作文操"。不是说做完这套操提起笔马上就能写，而是用这套操引领你去观察万事万物，去体会身边的人情世故，去发现自我对事物的一种理解、一种揣摩、一种交流，这才是写作最重要的。

第一节，从身体开始，要放松，不要焦虑。

第二节，从天空开始，要敞开，不要封闭。整个人要打开，打开你的五官，去拥抱，去感受，让滋味、光线、声音、形状等的一切到达你这里。输入，然后才是输出，写作就是一个输出的过程。

第三节，从万物开始，要细节，不要口号。让孩子去观察一棵树，阳光下的一棵树，被风吹过时的各种形态，这里面包含了很多细节。孩子们写作文最大的困难就是写不长，干巴巴的，那是因为没有细节。

第四节，从心灵开始，要真情，不要编造。写作文是我手写我心。现在很多孩子误入歧途，觉得写作文就是要有一个套路，要按那个套路来编，这是很可悲的。虽然不是每个人都要成为作家，但是每个人都有权利写下自己对生活、对生命、对自我的感知。我希望作文要从真情真意开始。尽管这样写可能比较笨拙，但这是最重要的，文章的真情是最动人的。

回到整个的作文状态，实际上就是尽情投入生命，去玩，去感受，去充分地玩，去充分地感受、体验，然后才是表达。对于写作来讲，首先要做一个鲜活的人，才能写出一句鲜活的句子，乃至一篇鲜活的文章。

问：为了提高孩子的作文能力，不少家长会让孩子背范文、抄写好词好句。您认为这样的做法值得倡导吗？

答：好词好句是在孩子对生活有一定感受的基础上产生的。让孩子放弃感受生活的、玩的乐趣，去背诵死的、假的好词好句，这是本末倒置。

我反对买什么作文宝典、范文之类，这其实是教孩子偷懒，让孩子用间接经验代替直接经验，这多可惜。万事万物就在那儿，我们每天身在其中，你把身边的东西用你的感受描述出来，这就是属于你的经验。何必邯郸学步？当然，可以学别人的表达方式，但是经验的细节，经验的触感、质感，一定得是你自己的。

问：请给孩子们推荐好书，中外各一本。

答：国外的，我推荐任溶溶老师翻译的《柳林风声》。这本书非常有意思，我每年都会读一遍，每年都会有新的感受。国内的一本，推荐我不断提到的《沐阳上学记》。《柳林风声》是田园牧歌式的，《沐阳上学记》是非常现实的，具有热气腾腾的现实性。

（2019年7月访谈）

王立春

像纸飞机一样空灵地飞

王立春，满族，中国作家协会会员，一级作家，著名儿童诗诗人。作品曾入选小学和师范院校教材。出版儿童文学作品三十余部。儿童诗集《骑扁马的扁人》《梦的门》分别获得第六届和第十届全国优秀儿童文学奖。现任《文学少年》杂志主编，新近出版"王立春大奖儿童诗"系列（六册）。

用儿童诗表达对大自然及生命的理解

问：王老师好，请问您是怎么爱上写诗的？

答：我从两个方面回答这个问题。

第一个方面，自认字开始，我就开始了对文学作品的阅读。小时候有一段时间住在乡下，喜欢文学的爸爸每个月都从城里拿书回来，我读了一箱子一箱子的书，伴随着阅读，我对文学产生了不可遏止的向往。

第二个方面，就是我对大自然的阅读。我在乡村五年的童年生活，正好是形成性格的初期。我所阅读的大自然,是用眼睛看到的,用耳朵听到的,用身体触摸到的。那种对大自然质感的认识一直伴随着我,每当我用文学来呈现这个世界时,它们都会不期然地丰沛了我的文字。

这两种阅读结合到一起,应该是我写诗之前的一种较好的铺陈和预设。后来爱上文学,也是一种必然吧。其实,我在创作之初写了不少新诗,或者叫朦胧诗。后来,当发现儿童诗是一种最好的表达方式时,我把那些都抛却了,只用儿童诗来表达我对大自然及生命的理解。

问:您写一首诗通常用多长时间?写完会反复修改吗?

答:写一首诗的时间长短,真是不一定的。有的时候突然来灵感了,就一气呵成了。记得写《梦的门》里"大地诗人"那一组时,十二首诗也就写了两三天,那个时候,灵感是止不住的,可以说是唾手可得。真像席慕容说的那样,美丽的诗和美丽的梦一样,是可遇不可求的。在一首诗里,我曾写到这种求不到的懊恼:"我的影子卡在椅子里,我卡在一首诗里。"

王立春《梦的门》

写完了肯定是要反复修改的。我要放一段时间,等它

三十人行
给孩子的人文访谈录

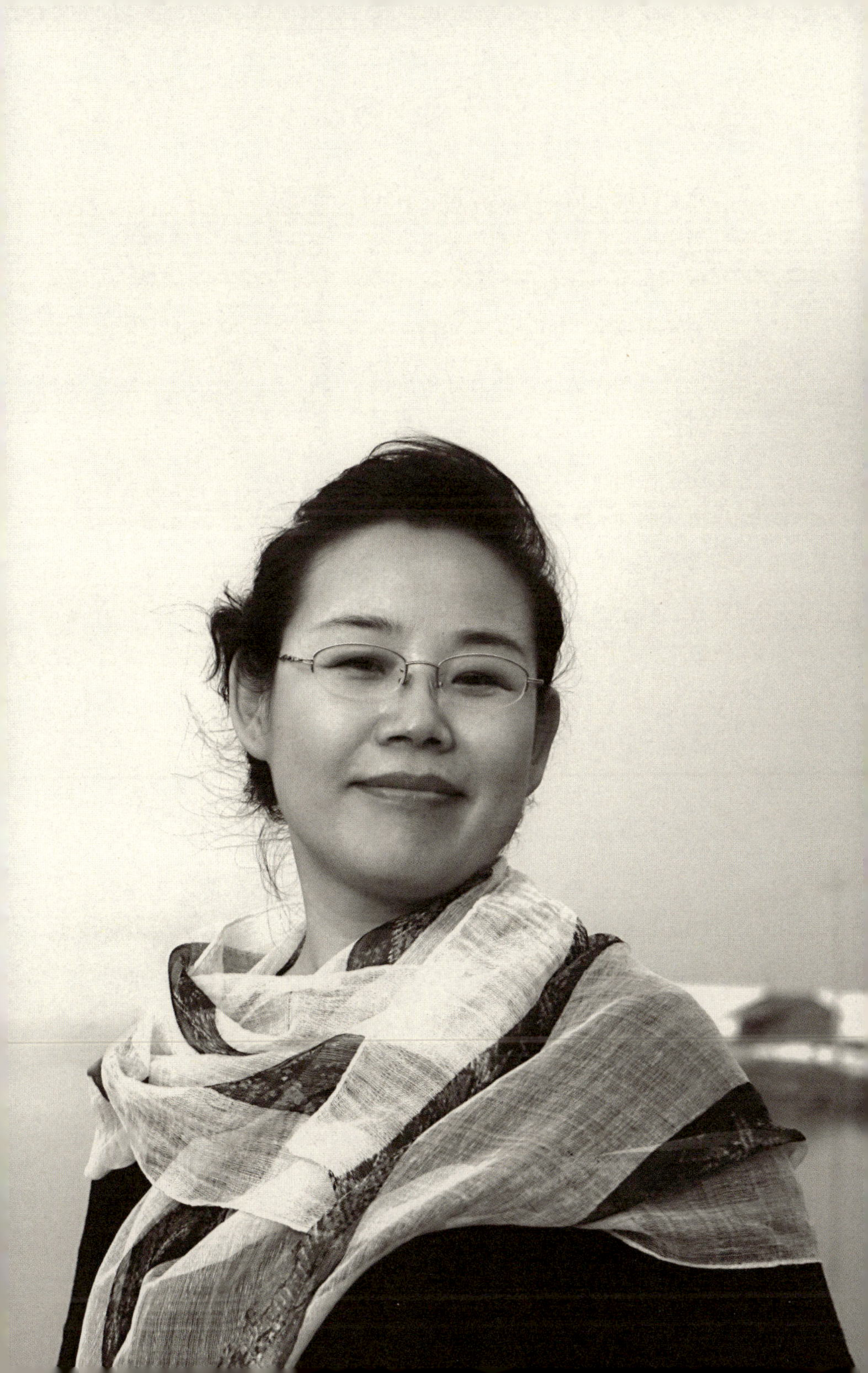

充分发酵之后,才能知道它真正的浓度、真正的味道。如果是约稿,我也得反复推敲,不然是不敢拿出来的。我对自己新写的诗总有一种羞怯感。我有好多诗被丢掉了,当初觉得不好就全都丢掉了。记得我在第一本诗集《骑扁马的扁人》里,只收录了七十多首,其实当时写了一百一十多首,其余的因为不满意,就都丢掉了。

王立春《骑扁马的扁人》

在每一首小诗里都藏进去一个精灵

问:我发现您的很多诗散发着童话色彩和游戏色彩,好像诗里藏着一个淘气包。您认可我的这种感觉吗?

答:我特别认可这种想法。我在《火车钻进灰蒙蒙的早晨》这本诗集的自序里就说到了这一点。我在每一首小诗里都藏进去一个精灵,这个精灵,可能不是赋形的,而是一双精灵的眼睛。就像一位评论家在谈我的诗时说,你的每首诗中都仿佛藏着一只小兽。这使我想起《小王子》。法国圣艾克絮佩里在写《小王子》的时候,说到过一个意象。当他画蟒蛇吞了大象的时候,大人却说那是一顶帽子。当他给小王子画一只小羊的时候,小王子不满意那只小羊的形象。可是当他画了一个盒子，弄了几个小洞洞之后，小王子却非常满意，说，这就是我的小羊。它很小，就在里边藏着，我很喜欢它。所以，孩子的感觉和大人的感觉是不一样的。孩子相信这个世界，而大人由于经验和生活的磨砺，已经不相信有一种天真的东西存在了。我尽量保留和捕捉这种天真，让这种审美形成一股潜流贯穿在诗歌中。它是孩子的，是相信的力量。

问：您诗中的意象，大多取自大自然，花草树木、风雨雷电、飞鸟小虫等。您笔下的树，也不是那种翠绿、修长、优雅的，而是"在大雨中狂奔""爱打架"的。这些与您的经历和视角有关吧？

答：我给一些静的自然事物赋予动的形态，给动的生命赋予静的仪态的时候，一定有我自己的生活经验在里边。就像一张白纸，有了反复的折痕之后，它才能像纸飞机一样飞起来。一个诗人的经历也是这样，如果他的生活有了折痕，有了创伤，有了苦痛，他才能够在这种形态上重新焕发自己，轻盈地飞翔起来。我觉得好多时候，我都是那个有着折痕的纸飞机，空灵地飞的时候，其实充满了忧伤。

带着伤和痛来写儿童诗是不合适的，但它已经是我的，想躲都躲不掉。我只好用表面看上去轻浅的、狂欢的语句把这些一层一层包裹好，让小读者看不出什么。在《贪吃的月光》和《梦的门》这两本集子中，有些诗已忍不住露出这些情绪了。评论家刘绪源老师似乎看到了这些，他触摸到了我诗中的那些谐趣、辛辣和粗粝。比如说《树在大雨中狂奔》《爱打架的树》，我内心经历的狂风暴雨只有我自己知道，但是我把它赋形以后，就应该是一个美的童话形象了。

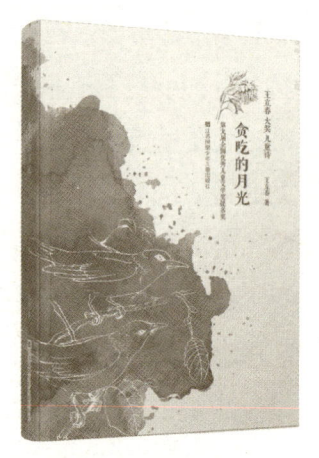

王立春《贪吃的月光》

动词是孙悟空，变化多端

问：您的诗中，动词使用特别传神，好几次，我被那些动词刻画的形象逗得差点儿笑出声。比如，"小草们脸冻得蜡黄／在雪地里发抖／柳树抱着头／头发被寒风一根根揪走／电线被冻哭了／搓着手指／嗷嗷直叫"（《麻雀天使》），真是画面感十足。能就这一点谈谈吗？

王立春《麻雀天使》片段

答：非常高兴你能看到这一点，这也是我自己写诗时一直津津乐道并陶然其中的一种感觉。我曾经有一组诗叫"跟着动词走",无论是写这样以动词为主体的诗歌,还是在我写其他诗时,我一直把动词作为最灵动的一种意象,赋予我诗意,这样,我写起来才得心应手。

诗人对动词的感觉应该都是一样的吧。因为动词赋予他灵感,动词给了他诗意。在名词、形容词、动词、副词当中,我最钟情于动词。名词是固定的,没什么表情,面沉如水,是唐僧。形容词呢,有点像猪八戒,很感性。副词可能就是沙和尚,有它存在可以,没它存在也能取回真经。而动词,是孙悟空,无所不能,可以腾云驾雾,可以百变多端。我觉得自己把玩起动词来,不能说得心应手,却也常常流连忘返,乐在其中。这不算什么特别吧?一个诗人如果对动词没有感觉的话,他怎么能够写出诗来?如果说诗人有先天的敏感,那他一定是对动词的敏感。就像你说起我的某些诗句,"小草们脸冻得蜡黄""电线搓着手指""嗷嗷直叫",动词在这里是主要角色。当然,我还应该说,像这样的诗,是大自然授意给我的,它把它本来的样子说给我听,我只是记录下来。我的力气在于是不是精准地表达出来。

阅读,山高水长

问:您欣赏什么样的诗?换句话说,您心中好诗的标准是怎样的?

答:我喜欢的诗应该是和我个人性情比较接近的。当我读到一些这样的诗的时候，我的心海总能泛起波澜。比如说，能用一种最精到的语言表达出事物最本质的特色的诗，浅中见深、痛而快乐、给我很多心灵的震撼和灵感的启发的诗。

这种喜爱，使得我自己在写诗时有一种追求，就是把生命最美的一瞬，用最精准的语言表现出来，也就是把那种转瞬即逝的美，用诗句凝固下来，让它具有一种永恒的审美价值。从某种角度来说，没有哪一种体裁比儿童诗更适合这种表达了。在这条路上，我一直没有停止追求。

问：给爱诗的少年朋友一些建议吧。

答：从我的写作经验来说，阅读是不可缺少的。如果我没有文学阅读的积累和感悟，恐怕就不会去写诗。如果你阅读，你对生命的感悟，对大自然的感悟，和不阅读的人是完全不一样的。阅读甚至对各科学习的感悟都非常有意义。你是一个好的阅读者，就是一个好的判断者、欣赏者。打好阅读的基础，不一定会成为诗人；但想成为诗人，一定要打好阅读的基础。这里，山高水长。

问：请推荐两本诗集，中外各一本。

答：国内，我个人比较爱读的是顾城的诗，我几乎有他的全部的诗。无论是现代诗、朦胧诗，还是童话诗，他的诗常读常新。

想来想去，外国的诗还是推荐泰戈尔的吧。在我写作之初，泰戈尔的诗对我影响非常大。他的诗中带有强烈个性色彩和浓郁地域风情的那部分，我尤为喜爱，对我创作那些关于故乡、母亲、童年倾向的诗歌帮助很大。比如说他的诗歌一旦指向故乡、母亲、童年，就有说不尽的、化不开的浓郁诗意，我从中得到很多启发。同时，他诗歌意象的美，令人陶醉，激荡着一个诗者的灵魂。

（2019年3月访谈）

格日勒其木格·黑鹤

与其他生命共享这个世界

格日勒其木格·黑鹤，蒙古族，当代自然文学作家、儿童文学作家，中国作家协会第九届全国委员会委员，黑龙江省作家协会副主席，大庆油田作家协会名誉主席。

与两只乳白色蒙古牧羊犬相伴，在草原与乡村的接合部度过童年时代。出版有《黑焰》《鬼狗》《驯鹿之国》《黑狗哈拉诺亥》《狼谷的孩子》《最后的藏羚群》和《蒙古牧羊犬——王者的血脉》等多部作品。曾获中宣部"五个一工程"奖、全国优秀儿童文学奖、陈伯吹国际儿童文学奖、冰心奖、榕树下诗歌奖、《人民文学》年度作家奖、比安基国际自然文学奖等多种奖项，有多部作品被翻译成十余个语种译介到国外。

现居呼伦贝尔，拥有自己的马群，在草原营地中饲养大型猛犬，致力于蒙古牧羊犬和蒙古猎犬的优化繁育，将幼犬无偿赠送给草原牧民。

对待世界的方式都是在童年学习到的

问：我了解到，四岁到八岁这段童年时光您是在草原度过的，那段生活对您影响深远。能不能假设一下，如果没有那段童年经历，您会成为一个作家吗？

答：很多访谈都会谈到我的这段童年的日子。

我确实有四年童年时光是在草原上度过的，四岁到八岁。我出生在城市里，自幼体弱，被母亲送到草原上的外祖母家，她相信草原上的空气和饮食可以让我强壮起来。我想，四岁到八岁是一个人在成长过程中最为重要的一段时间。我甚至认为，人完全可以在六岁之前建立自己的价值观和世界观。事实上，我现在所有的对待世界的方式都是在那个时期学习到的。

一切都存在于那些遥远的瞬间。那时，草原上丰茂的牧草浩瀚无边，可以没过我的头顶。我骑着自己的小马驰过草原，伸开的双手能够触摸草尖。黄昏，我的外祖母必须站在高处喊我回家吃饭，因为她看不见牧草中的我。那是最后的海洋。

在远离城市的草原上，我还有机会经历草原游牧生活最后的时代。作为一个很小的孩子，每天遥看远方的地平线，看到很多生命的出生与逝去。你永远无法想象我看到一匹小马被狼扑杀后的震撼。很小的时候，我已经懂得生命与死亡。

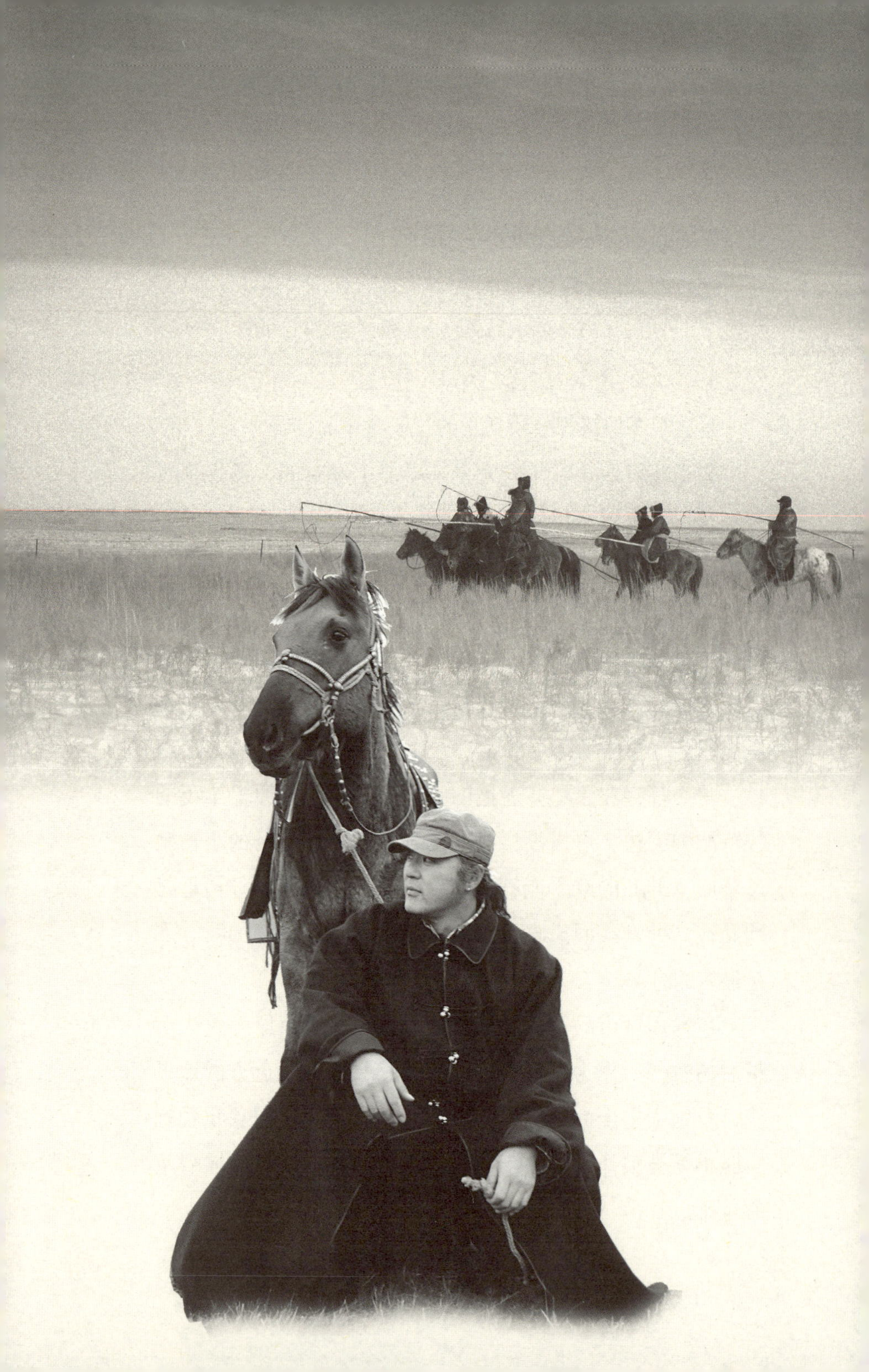

格日勒其木格·黑鹤　与其他生命共享这个世界

草原上的蒙古人，是与牲畜共命运的人。草原生活极为严酷，需要一种艰忍的性格，需要悲悯而强悍的内心。我在六岁之前已经形成了自己非常完善的价值观，后来一直未曾改变。

到现在，我依然可以像童年那样生活，保持对世界最初的那种好奇心和热爱。童年的这段经历对我特别重要，因为这一经验，我想，即使我没有成为一个写作者，也会从事从属于内心的职业吧。

问：我多次在您的书中看到芭拉杰依这个名字，为什么对她，对她这样的老人念念不忘？

答：我因创作自然文学作品，逐渐被读者认知，并在动物小说的领域拥有自己的地位，都是从我创作的那些关于使鹿鄂温克人的小说开始的。

十几年前，我第一次走进使鹿鄂温克人的营地，远远地看到一位老人站在撮罗子①前，她称呼我为"小蒙古"，那位老人就是芭拉杰依。将我带入使鹿鄂温克人营地的，是芭拉杰依的儿子维加。我跟这个家庭保持着长久的友谊。芭拉杰依于2017年12月因病去世，但她的人生并无遗憾。去世的前一年，她完成并出版了自己的长篇回忆录《驯鹿角上的彩带》。我作为她的编辑助理，做了一些基本的文字工作。能够参与到这项工作中，我认为是我的荣耀。

---

①撮罗子，是鄂伦春、鄂温克、赫哲等东北狩猎和游牧民族的一种圆锥形"房子"。

我还认识很多这样的老人。我第一次进入使鹿鄂温克人的生活时，住在使鹿鄂温克人最大的一个驯鹿营地里。因为几位老人的恪守，那里尚保留着一些古老的传统。现在，很多老人已经逝世了，他们也带走了一些注定要消失的东西。我愿意通过自己的作品来纪念他们。

我，就是它们的羊

问：您多次在书中描述自己与高大猛犬在一起的情景，仿佛与亲人相处一般。面对它们，您有过害怕的时候吗？

答：目前几乎在所有宣传我的图片上，我都是与我的狗一起出现在画面之中的。童年有四年时间我是在草原上度过的，回想起来，那种略显粗粝的生活让我一

黑鹤与狗

生受益匪浅。在草原上我曾经拥有两只乳白色的蒙古牧羊犬，它们母子两代陪我度过那段日子。它们的陪伴，让我已经渐远的童年记忆愈显温暖，也更富于追缅的色彩。作为高大凶猛、能够驱赶并且杀死狼的猛犬，它们不牧羊，而我，就是它们的羊。

两条狗，一条叫查干，蒙古语意为白色，另一条叫阿尔斯楞，蒙古语意为狮子。我离开草原时未能带走我的牧羊犬，即使很多年过去了，一年中我还能梦到它们一两次。在火车站，它们一次次地努力想要跳上火车，但是车窗没有打开，它们一次次地滑落。在梦里我还能真切地听到它们的爪子抓挠火车车皮的声音。后来，我得到消息，它们每天走很远的路，去车站等待我，它们相信我从哪里离开，也一定会从哪里回来。但它们最终未能等到我，郁郁而终。多年以后我创作了《鬼狗》，就是为了纪念它们——我童年在草原上的牧羊犬。

查干、阿尔斯楞，白色的狮子，它们从此只属于逝去的时光，或是永远无法企及的未来。后来，我不断地进入草原寻找那个品种的牧羊犬，但我再也没有见过那种乳白色的牧羊犬，毛色如同新鲜牛奶置放一夜后上面浮出的乳脂般洁白。它们像我曾经闪亮的童年生活，永远地消失了。

丹麦人享宁·哈士纶所著的《蒙古的人和神》，这本记录二十世纪二三十年代草原蒙古部落土尔扈特部的探险著作中，提到了著名的黑喇嘛丹宾。这个极富传奇色彩的土匪和侠盗，曾经多次在到中国西部进行探险和研究的探险家和学者的著作中出现，并总是享有被辟出专门章节记载的殊荣。享宁·哈士纶谈到他的去向的文字，也是本书最打动我的一段。

那个段落的终结更像整个西部戈壁与草原的传奇，时间流逝，烟尘散去——

"只是在游牧民们的营火周围，才悄悄传说着那个好斗的喇嘛如箭羽般的黑马，在城堡总溃逃前已经从马厩里失踪了。还传说他漂亮的雕花银鞍并不在巴勒丹道尔吉带回库伦的战利品中。还传说在这个好斗喇嘛的住房前，常常用结实的银链拴住的凶猛的看门狗，依然潜藏在城堡附近，等待它主人的归来。"

我的狗一直在等待小主人归来，但是它们没有等到我。

那个时候我就想，也许有一天可以将我和我的狗的故事写下来，给更多的孩子看。后来，我写了很多关于狗的小说《黑焰》《鬼狗》《黑狗哈拉诺亥》《狼谷的孩子》，我想在这些作品里，都有童年时我跟我的牧羊犬的影子吧。

黑鹤《黑焰》

有时候我也在想，也许是因为有了我的狗，才会有后来我的那些关于猛犬的作品。它们成就了我。

即使现在，我的营地里也养着很多猛犬。我想这是我童年记忆的延续。每年我会将繁殖的蒙古牧羊犬幼犬无偿送给草原上的牧民。

所谓猛犬的凶猛，是相对的，它们对野兽和敌人凶猛，但对主人非常温和。

问：您在创作时，有自己恪守的原则，乃至要努力形成鲜明的黑鹤标识吗？

答：一个写作者的标识，大概就是他的风格吧。风格这种东西，大概是在一个写作者成长的过程中逐渐形成的。而风格的形成需要诸多元素——生活、经历、阅读等等，这些东西不可复制，一起形成了带有个人色彩的标识。如果说我作为一个自然文学作家和儿童文学作家尚还恪守的，大概就是不让自己作品的质量滑下去，保持对世界最初的好奇心吧。

一直是草原生活的参与者

问：在创作之外，您现在的生活是怎样的？

答：目前一年中大概有六七个月的时间在草原上，其他时间外出参加书展及图书的宣传活动。

草原生活从来不是绿野牧歌式的。就在前几天，营地附近的通古勒嘎大叔准备将羊群从夏营地赶回，迁往冬天的牧场。这也算是小规模的游牧吧，路程并没有多远，路上要涉过莫日格勒河。莫日格勒河，以九曲回环著称。莫日格勒河夏营地草场宽阔平坦，又有河流，饮羊方便，陈巴尔虎旗的牧民多在此处过夏，是传统夏营地。莫日格勒河水不深，秋天有时干涸得露出河底。大叔家已经有十来个人赶羊，我以为羊群会轻松过河，所以一开始我只想做个旁观者，拍摄几张照片。不过，今年秋季雨水丰沛，即使已经到了枯水期，河水还是比往年略深一些。而且前些天的降水，使河岸湿滑泥泞。羊群心生畏缩，踟蹰不前。羊这种动物，作为草原五畜之一，外界人总会将它们形容为温柔的小羊。其实这是一种执拗倔强起来让人绝望的动物。一群人颇费周折，羊群却仍然不愿过河。羊群左突右奔，因为混乱拥挤，一些羊被踩在水下溺水。我也当不成旁观者了，直接下河，将溺水的羊救出，将逃跑的捉住，将那些不愿就范的羊只直接拎过河。把羊群弄过河以后，自己相当狼狈，浑身湿透，靴子里灌满了水。这就是草原的生活。

草原生活，从来不仅仅是绿野牧歌式的，也是一种在严酷的生态环境中的艰忍的生活。我不是牧民，但我一直是草原生活的参与者，不是旁观者。

记录一些正在消逝的东西

问：您小时候喜欢写作文吗？对于现在中小学生的写作，您有怎样的建议？

答：我八岁回到城里上学，那时经常想将自己在草原上经历的一切讲给身边的同学听——我在草原上养过两只像白色狮子一样漂亮的牧羊犬,它们能够把狼咬死叼回来;我在草原上曾经救助、饲养过小狼、小鹿、小野兔、天鹅和大雁……但是我的同学们没有经历过那样的生活,他们不相信,认为我是骗子。我根本无法说服他们,有一段时间都有些自闭了。就在这个时候,我发现写作文是一种很好的宣泄途径。我就这样开始走上写作的道路,把童年的故事写下来,让更多的孩子知道。

在我很小的时候,妈妈就给我埋下了一颗种子。大概四五岁时,有一天我出去玩,捡了一块小土块儿,感觉这个小土块儿特别像小猫的样子。我就拿了根小棍雕了一下,这下感觉更像小猫了。我捧着这块土块儿回家给妈妈看,说它是一只小猫。你想想,五岁的孩子用土块儿能雕什么,那一定是很抽象、很萌的一个东西吧。妈妈表扬我,拥抱我,亲吻我,现在我还记得妈妈拥抱的感觉。妈妈把这块小土块儿视若珍宝,放在我家的花盆里。那是我雕塑、造型的萌芽。我十三岁之前一直画画,画得很好。好多人说我文字的画面感特别强。为什么?因为我喜欢绘画。

现在,我知道,自己的写作,有时候也是在记录一些正在消逝的东西,是背影,秋天如海洋一样的牧草再也没有了。

有时候去一些学校讲座,我会直接被学校要求教学生怎样写作文,我个人认为这种提法就很功利了。写作源于阅读,通过阅读的积累,才能形成属于自己的文字表达能力。

黑鹤《驯鹿六季》

问：对于少年读者阅读动物小说、自然文学，您有怎样的建议？

答：动物小说是自然文学的一部分，我认为自然文学的阅读，可以促进一个孩子自然观的形成。我希望每一个孩子都能多阅读一些自然观正确的作品，保持对所有生命的尊重，懂得与其他生命共享这个世界。

问：请给少年读者推荐自然文学作品，中外各一部。

答：中国，乌热尔图先生的《七岔犄角的公鹿》；外国，比安基的《森林报》。

（2019年10月访谈）

李秋沅

我愿安静地为孩子唱歌

李秋沅,本名李靖,中国作家协会会员,福建省作家协会主席团委员。已出版长篇小说《木棉·流年》《谜境·青鸟》《天青》及作品集《茗香》等十五部作品,翻译图画书《战争与和平》。作品曾二十余次在全国全省获奖,主要奖项包括:第九届全国优秀儿童文学奖、冰心奖(四次)、"周庄杯"全国儿童文学短篇小说大赛奖(四次),作品曾入选国家新闻出版广电总局向青少年推荐的百种优秀图书。

做孩子们嘴里的一颗糖

问:秋沅老师好!记得最早读您的作品,是在2006年第一期的《中国儿童文学》杂志上,那期选载了您的短篇小说《天使的歌唱》。您在小说中描写了一个富有天赋的智障儿童,一改以往此类题材同情、怜悯的写作姿态,而是采用一种真正平等的视角。能谈谈这篇作品的写作吗?

答:我在思考何谓"智障"。当一个人处于年幼时期，心智尚未发育完全，相对于心智成熟的成年期来说，他是不是也是某种意义上的"智障"呢？成人可以体谅、宽容幼儿看似可笑的想法与做法，为什么对那些拥有成年躯体，心智却停留在幼年期的人，要如此歧视？在我眼里，他们不过是一群特殊的孩子。智障并不是他们选择的，更不是他们的罪过。我有什么权利歧视他们呢？我不过是拥有了比他们更好的运气而已。他们与我们一样，拥有对肌肤之疼痛与心灵之痛苦的感受。来自外界的歧视，让他们委屈而又无法理解。这种无法与成人世界沟通、无处可逃、无法解决的痛苦，我们在幼年时，不也经历过吗？当我们是孩子时，因无心触犯成人世界的规矩而受到呵斥时，身为弱者的我们，不也同样地委屈难过吗？"谁也不知道一个傻瓜的难过有多难过"，因为，孩子长大后，就忘记了自己曾经作为一个孩子的难过。如果我们记得幼年时将糖果纸当作宝贝的心情，记得童年时把洋娃娃当成有生命的伙伴的感受，就能体会他们的情感世界。在书写《天使的歌唱》时，我不断地在文字中唤醒自己幼年时的感受。我写的是一个"人"，而不是被成人世界印上标签的"傻子"。在我的视角里，"我"不是"傻子"。"我"无法理解来自外界的歧视，为此"我"深感委屈，但却愿意宽恕。在"我"的世界里，蝴蝶与人一样，长不大的孩子与长大了的孩子一样，都拥有活的权利、爱与被爱的权利，因为众生平等。

三十人行
给孩子的人文访谈录

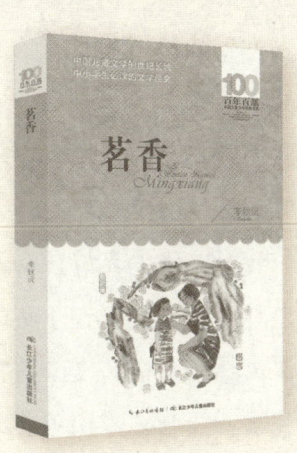

李秋沅　我愿安静地为孩子唱歌

"没有任何东西能弥补孩子的一滴眼泪。假如这个世界伤害了孩子,我愿意做他们嘴里的一颗糖。让他们安静地睡着,我就安静地唱歌。"我很喜欢这句话。无论是长不大的孩子,还是不断长大的孩子,都是上天的宠儿。我爱所有的孩子,永远祝福他们。

艺术存在于我的精神世界里

问:典雅,唯美,这是很多读者对您作品的印象。在您的作品中,我发现诗词、音乐(尤其是钢琴)、绘画这三者几乎是"标配"。您并不是将这些作为道具,而是用它们切实地推动情节的发展,有时甚至涉及对其本质的思考。《清桃》中,亦真亦幻的故事本身就诠释了小说中人物所说的"即使我离开了这个世界,但只要它们(画)存在着,我和这世界的联系就不会终止"。在您心中,艺术与您的作品是怎样的关系?

童年时的李秋沅

答:我对艺术的喜好,会不自觉地在作品中流露。它们不是道具,它们就存在于我的精神世界里,给我源源不断的创作灵感与激情。文学与艺术,是上天赐予这个世界最美的礼物。绘画艺术用色彩与线条,音乐用旋律,文学用文字，凝固艺术家、文学家的所思所想，它们就是光与爱，让我们直接地感受来自上天的祝福，让我们分享俗世最美好的一切。

  我时常对时光的流逝感到恐惧。回首往昔，我发现大部分的生命记忆都已逃逸不知所踪，只剩下记忆碎片。那些在时光中遗失的生命片段，到哪里去了？那些被遗忘的生命片段，就这么永远地在时光中湮灭了？还有什么能证明它们真实存在过？我相信，是对时光流逝、生命不再的恐惧，促使那些伟大的艺术家、文学家用绘画、音乐、文字等，记录下他们在这世界的体验，为生命的存在留痕。"即使我离开了这个世界，但只要它们存在着，我和这世界的联系就不会终止"，这是艺术对我们尘世短暂过客的抚慰。

  我沉迷于艺术之中。艺术与文学作品给我带来许多灵感，我的许多文章，就是从一段旋律或是一幅画而来的。《寻找尼克深蓝》的灵感从"尼克""深蓝"和名画《克莱因蓝》而来，《千瞳》的灵感来自蒙克的画《呐喊》。还有许多作品源自同名音乐作品，如《亚麻色头发的女郎》《我希望你们微笑》《你的样子》《生如夏花》《惟有时光》《德彪西的月光》等。进行创作时，我必须聆听音乐，在音乐的呵护下，才能完成作品。

木棉岛是属于我的心灵故乡

  问：木棉岛已经成了您小说里的故乡，从几个短篇到两个长篇《木棉·流年》《木棉·离歌》,您都在书写对它的爱与怀念。在成人文学作品里,有一批作家塑造了自己文学的故乡,但儿童文学作品中还很少见。您为这样的书写做了哪些准备?

答:在创作的初始,我并没找到适合我的创作切入点。我写了一些儿童文学短篇作品,涉及校园题材、儿童成长题材,写了一段时间后,我发现自己写空了。这些故事,源自童年与少年的记忆,也源自我曾读过的儿童文学故事,似曾相识,却又面目不清。如果我一直这么写下去,我永远也超越不了自己。我不希望重复别人,也不希望重复自己。这么写了近十年后,我突然厌倦了。我想跳出原来的创作定式。

李秋沅《木棉·流年》

不仅仅是题材的选择,在语言表达方式上,我也期待突破。写作者通过文字,表达内心的情感。每一个标点、每一个字、每一个看似不经意的"的、地、得",最终组成了带有作家个人印痕的文字韵律与节奏。许多写作者意识到作品语感的重要性,在孜孜不倦地寻找适合自己的写作语言。因为,只有找到了适合自己的写作语言,才能更自如、更完美地表达内心情感与思想，原汁原味地展现写作者所要表达的一切。

我一直在不停地寻找适合自己的语感。2009年后，我开始写"木棉岛"系列，在这之前整整九年时间，我都没有找到创作的突破点。《锦瑟》是第一部以木棉岛为背景的小说。它第一次让我意识到，撇开局促的校园生活题材，我的心与笔，能如此自由地舒展到另一个儿童文学的世界里。我相信自己找到了适合自己的写作风格。木棉岛是属于我的心灵故乡，我乐意与读者真诚分享我的心灵故乡。

问：您小说中女性人物的名字都很古典，薇薇、锦瑟、茗香、清桃……起这些名字用了不少心思吧？

答：给小说人物起名字，我是用了心的，我会寻找一个汉字组合，适合这个人物的个性气质。"薇薇""锦瑟"是《锦瑟》中的人物。"薇薇"出自《诗经·小雅·采薇》，最后一句"昔我往矣，杨柳依依；今我来思，雨雪霏霏"非常著名。"薇"字暗合人物对逝去亲人的思念之情。而当年之所以写《锦瑟》，源于"锦瑟无端五十弦，一弦一柱思华年"这句诗对我的触动。这句诗为小说设定了一个蓝色的情感基调。因此，我用"锦瑟"为人物名，写了这篇同名小说。"清桃"是身边朋友的名字。我身边有许多艺术家、诗人朋友，他们的名字都很有意思。我借用他们的名字写了一系列的幻想小说。清桃、颜非、黑瓷、千瞳……这些人物名字，与小说人物的个性和命运都密切相关。以"千瞳"为例，这个名字所散发的神秘气息，在初次遇见时便吸引了我。之后，这个名字萦绕心中，久久不去。若干年后，我在鼓浪屿偶遇一组木芯图纹，这组图纹极似由"脸"而至"花"的缓慢演变图案。在看见这组图纹的刹那，我莫名地就将它们与潜藏于记忆中的"千瞳"这个名字联系起来。《千瞳》的故事雏形在脑中呈现，而我便顺理成章地将"千瞳"这个名字赋予了故事的主人公。如今，我对名字的收集癖好在朋友圈中是公开的秘密，朋友们都很愿意提供自己的名字供我创作。

问：我发现，儿童文学创作于您是一件很享受的事，您在付出的同时更在收获和成长，儿童文学创作丰富了您的生命。

答：感谢儿童文学，它使我的生命记忆得以完整。儿童文学创作，唤醒了蛰伏于我心灵深处的童年情绪与感受。童年感性视角与成人理性视角相辅相成，让我能更全面、更宽容地看待眼前这个并不完美的世界。在写作时，我是忘我的。我的身躯在小说之外，但我的所有感受，却是故事中那个孩子的。在写小说时，我会触发一些很久远的记忆。我记起身为孩子时，对成人世界的那种既依赖又疏远的态度。我记得自己那时，会故意顺服大人的意思去做一些似乎该由孩子去做的事。而在做这些事时，我内心居然会发出对大人的嘲笑。大人以为我们什么都不懂，其实并非如此。小孩子不觉得自己傻，小孩子觉得大人才蠢得可爱。

儿童文学是一个渠道，让成人蹲下，与童年对话；让孩子抬头，汲取来自成人世界的力量与智慧，让自己成长的步伐更加坚实。

好的作品让你悲欣交加、长久沉思

问：能谈谈您小时候的阅读吗？

答：记得小时候，父母很忙，老屋的独门独院将我关住了，我没有什么玩伴，便只能与书为伴。假期是我最快乐的读书时光。母亲从单位图书馆里借来小人儿书，每次限借十本。我看书的速度飞快，不到三天，便催着母亲再去借。母亲说我根本不是看书，是吃书。后来，母亲单位图书馆的小人儿书被我读遍了，她只好从阁楼里翻出一箱发了黄的旧书给我，全都是大部头的老书，里边没有画，全是字。尽管如此，我还是硬着头皮看。阁楼箱子里的书太旧了，许多纸页都粘在一起。我小心翼翼地将纸页剥开，窸窸窣窣地扬起一团灰。初一时，我先看了巴金的《家》《春》《秋》；然后读《红岩》；读完了《红岩》读《青春之歌》，似懂非懂的；接着读《红楼梦》《水浒传》《三国演义》，《水浒传》《三国演义》看不下去，便又倒回去读《红楼梦》。看完《红楼梦》后,我突然对诗词有了兴趣,便积攒零花钱买了《唐宋诗词鉴赏》。从此,这本书就一直跟着我,书里那些蕴含着汉文精华之气的诗词在不知不觉中潜入我的心灵,我的文字悄然改变了,渐渐地不再那么粗糙、面目可憎了。中学时,家里大人看的《小说选刊》,我也偷偷地看,后来看到了余华的《活着》,非常喜欢。余华的作品有股很深的悲悯情怀,一个历经世态炎凉,历经苦难,却依旧默默忍受、坚强乐观的老农,与牛对话的场面,深深铭刻在我的心底。这篇文章对我的影响很深,我知道了什么是好的文学作品,好的文学作品,就是能让你读后悲欣交加、长久沉思的作品。

问:最后,请给孩子们推荐一本书。

答:如果只能给孩子推荐一本书,我会推荐《唐宋诗词鉴赏》。如果多让我推荐几本中文书籍,我会推荐傅雷的《世界美术名作二十讲》(孩子的艺术启蒙书)、萧红的《呼兰河传》(诗意写作范本)、余华的《活着》(牵引孩子的目光投向人生深处)。再大点的孩子,我希望他们能读张爱玲的作品,我喜欢张爱玲敏锐的观察力和精确的文字表达。严歌苓的《陆犯焉识》也是一部很有价值的作品。

(2016年3月访谈)

彭绪洛

在行走和探险中延伸想象力

彭绪洛，儿童文学作家、探险家、儿童阅读推广人、中国作家协会会员、中国科普作家协会会员、中国科学探险协会会员、中国原创儿童探险小说领军人物。

出版有长篇小说《少年冒险王》《宇宙冒险王》《我的探险笔记》《虎克大冒险》等七十余部。曾获冰心儿童图书奖、中国首届土家族文学奖、湖北省"五个一"工程奖、湖北文学奖。作品曾入选"中国文艺原创精品出版工程"、"十三五"国家重点出版物出版规划项目，多部小说被改编成影视作品和舞台剧。

曾经徒步穿越敦煌段雅丹魔鬼城、神农架原始森林无人区、乌孙古道和古蜀道，攀登过海拔5396米的哈巴雪山，自驾走过滇藏线、川藏线和青藏线，成功穿越中国最大的无人区罗布泊到达楼兰古城等神秘之地。

小时候是野孩子

问：说句实话，在您的作家和探险家两个身份中，我更感兴趣的是后者。是什么缘由使得您对探险产生了兴趣？从设想到付诸行动，您准备了多长时间？

答：我出生在大山之中，整个童年的美好回忆，大多是与大自然相关的，比如进山采野蘑菇，打板栗，摘野猕猴桃，砍柴，捡柴火等。这些过程中，我曾经遇到过毒蛇、马蜂，以及各种野生动物。因为这些特殊的童年经历，我从小就熟悉大自然，了解大自然，并且热爱大自然。后来爱上了写作，我便选择了自己熟悉的领域，那就是书写大自然，也就是现在创作的儿童探险小说。写了多年后，发现自己童年积累的那些经验和素材都用得差不多了，没有办法进一步突破和创新，于是，我决定去真正探险。

从设想到付诸行动，不到一年时间。首先是准备装备，这里面的学问太深，其次就是恶补户外专业知识，最后就是体能锻炼。

问：您从小胆子就特别大吗？在探险中有过恐惧吗？

答：我小时候是远近有名的野孩子，非常调皮、野性十足，经常因为干一些出格的事情挨母亲的打，现在想想，其实我是在对未知的世界进行探索和发现。但我并没有因为挨打放弃这种好奇的探索，而是在实践中提醒自己做到胆大心细，不出意外，这样就不会被大人发现，也就不会挨打了。

这些年来无数次的探险中，每次都会遇到不同的危险和困境，有的是提前想到的，有的是之前没有预想到的。遇到这些危险时，内心肯定是恐惧的，说不恐惧那是假话。但更重要的是必须沉着冷静，才能化险为夷，这就需要良好的心态和强大的内心，一般人很难做到。

穿越乌孙古道刻骨铭心

问：能给我们介绍您最难忘的一次探险经历吗？

答：之前最难忘的肯定是2010年10月穿越中国最大的无人区罗布泊，在出楼兰古城时迷失了方向。但去年，也就是2018年6月底，我徒步穿越了乌孙古道，这段经历让我更加刻骨铭心。

彭绪洛穿越乌孙古道

乌孙古道，主要指历史上从乌孙国到龟兹国，穿越天山南北的古道。

这次遇到一件最可怕的事，或者说想想都觉得后怕的事，在进山第二天，在翻越第一座琼达坂[①]时，我的登山靴因年久老化脱胶掉底了。这就意味着，靴子的保暖和防水

[①]琼达坂，位于新疆维吾尔自治区的乌孙古道上。"琼"在新疆少数民族语言中是"大"的意思，"达坂"是山口的意思。

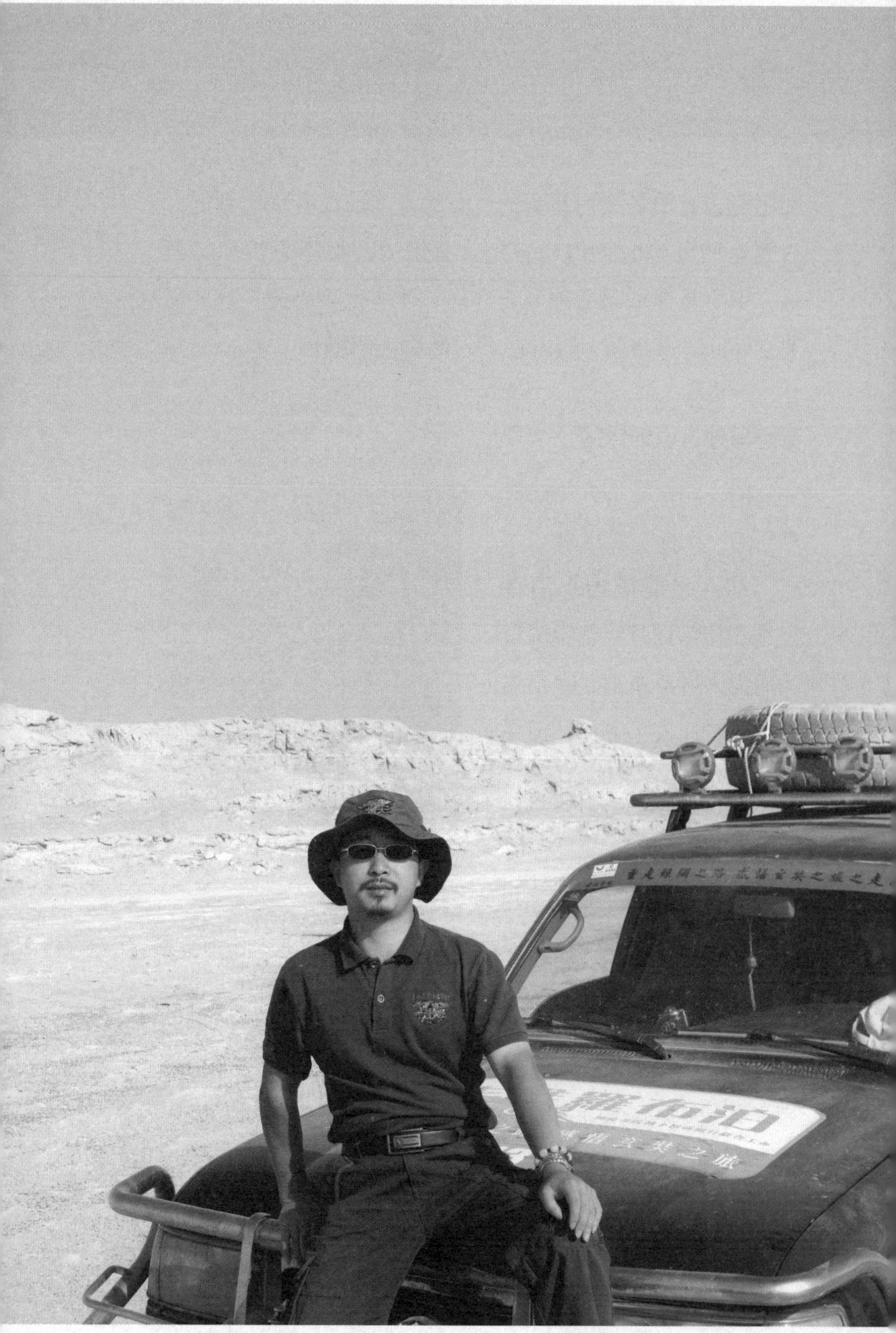
羅布泊

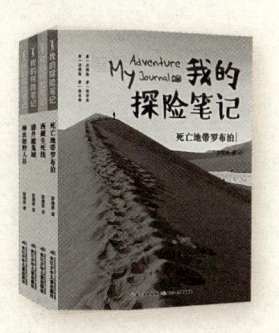

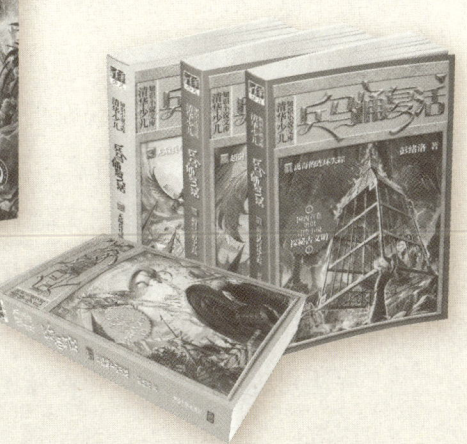

彭绪洛　在行走和探险中延伸想象力

功能都没有了,防滑功能也没有了。在上山的路上来不及处理,手边也没有更多的工具,于是我换上了溯溪鞋(凉鞋)和防水袜,硬着头皮继续前行。

大伙儿看见我的情况,都劝我返回。因为接下来还有很多天,路况会更加复杂和糟糕,何况还有两座冰川雪山,还有无数条河流,还有太多的意外无法预料。比如遇到恶劣的天气,遭遇暴风雪,遇到连续的大雨,没有一双好的登山靴是一件多么可怕的事情。再看看我脚上可怜的凉鞋,能扛过这么恶劣的天气吗?

我肯定不愿意轻易放弃,这么远的路,好不容易来了,并且还是挤出一段难得的时间。如果放弃,真不知何年何月再有机会前来。

我甚至想过最坏的结果,如果运气不好,遇到了恶劣的天气,那就是冻伤双脚,轻则脚指头不保,重则整双脚不保,但应该不会危及生命。外出探险,很多事情自己提前都得想到,更得有心理准备。这次意外虽然来得太突然,但我很快调整好慌乱的内心,坚持了自己的决定。我清楚地知道自己在干什么,将会面临什么样的后果。

接下来,一切就看天命了。天命难违。

就这样,我穿着一双溯溪鞋,穿行在雪水和乱石岗之中,艰难地小心翼翼地爬上了海拔约3700米的琼达坂,之后还到达了天堂湖,再翻越了海拔约3900米的阿克布拉克达坂。

就是在翻过琼达坂后下山那天，我们遇到了很大的雨加雪天气，在大雨中露营，我因为脚太冷而失温，差点酿成大祸。

问：听得我有点心惊肉跳。一方面，我非常钦佩您的毅力；另一方面，我觉得这种情况下的冒险还是应该尽量避免，在不涉及原则问题时，身体安全应该是第一位的。听说，您还带女儿参加过探险，这是出于怎样的考虑？您是怎么做好安全保障的？

答：是的，我带女儿去过腾格里沙漠，还徒步走过敦煌从大方盘城到玉门关这一段20千米的戈壁和沙漠。就是那次，我们遇到了8级沙尘暴，惊恐无比，第二天非常幸运地看到了野骆驼群。

我觉得，现在这一代孩子，用很多人的话说，都是温室里的花朵，平时大多时间都在城里或者家里，接触大自然的机会太少。我们做家长的，应该尽可能多带他们回归大自然，体验大自然，培养他们热爱大自然的情怀。

我女儿四五岁的时候，就非常向往跟着我出去探险，那时我就向她提了三点要求：一要懂得很多的科学知识和求生技能；二要有健康的身体，出门必须自己背背包，不能让我背她或抱她；三要有强大的内心，不能动不动就哭鼻子，更不能轻易说放弃。她五岁就开始读长篇小说，平时也常常跟着我徒步旅行，学习控制自己的情绪。当她做到这些后,我才敢带她去真正地探险。

更重要的是,有我这个后勤保障,我会一路上给予她指导和鼓励,把路线和行程都控制在安全范围内。对于孩子来说,这其实是一个学习的过程、成长的过程。孩子在探险中学到新的知识,得到新的启发,总结新的教训,这有助于他们健康成长。有了这些经历,当孩子渐渐长大步入社会,遇到真正的困难和危险时,他们也会从容面对,寻找解决的办法。事实上,探险可以培养孩子不怕困难、独立思考、团结协作、敢于克服险阻的优秀品质。

探险小说弘扬阳刚之气

问:您创作了不少探险题材的作品,这些作品都是以您本人的探险经历为素材写成的吗?

答:是的,我的探险小说,是以我自己真实的探险经历为素材创作的。当然,故事情节肯定有虚构的部分,但自然环境、风土人情

彭绪洛《秘境探险》系列

和民俗文化等内容的描写,还是来源于我真实的观察和记录。也就是说,细节是真实的。比如在戈壁沙漠遇到沙尘暴,在高原遇到暴风雪,遇到狼群的围攻等,都来源于真

实的体验。如果没有这些真实的经历和体验，我是没有办法还原这些真实细节的，特别是在遇到这些危险的时候，主人公的内心世界，真是没有办法虚构得那么逼真的。

问：您认为孩子，尤其女孩子是否适合阅读探险小说？

答：我的探险小说，是在弘扬青少年的阳刚之气，可以和当下"伪娘""娘炮"之风形成鲜明的对比。用很多评论家的话说，是行走中的想象力。是的，我是在探险和行走中，延伸我的想象力，培养孩子们的阳刚之气。

探险小说男孩子看得会多一些，但也有许多女生喜欢我的探险小说。我目前的几个超级读者群中，女生所占的比例在40%左右。她们也向往大自然，向往自己能有机会去户外探索那些未知的科学和秘密。相比男孩子，女孩子天生胆小一些，内心脆弱一些，这样就更需要阅读探险小说，让自己的内心变得强大起来。

对于正处在求学阶段的孩子们来说，真正的独立探险不切实际。一是他们的专业知识储备不够，还没有掌握足够的科学知识和求生技能；二是身体的体能不够，无法负重长途跋涉；三是心理素质还不是十分强大，无法面对一些突发的极端状况。

我大力提倡孩子们多阅读探险文学作品，并不是让他们在这个年龄去真正探险，而是想通过探险文学，培养他们的探索精神和开拓精神，并教会他们面对挫折和困难时，坚强与勇敢；面临危险和绝境时，临危不惧；肩负重任，面临抉择时，坚韧果敢，敢于担当。

这才是孩子们阅读探险文学作品的最终目的，也是我创作的初衷。

问：请给孩子们推荐一部探险小说。

答：我推荐《哈尔罗杰历险记》。这是威勒德·普赖斯的作品，也是一套大系列的探险小说。作者本人有真实的探险和科学考察经历，并且是一位博物学家。他的作品，在我看来是非常理智的，是有科学基础的探险小说。

我一直觉得，从事探险小说创作，作家本人必须有真实的探险经历和科考经历，要不然就是凭空想象，与真实和科普相离太远。另外，我觉得写给孩子们的探险小说，一定是博物志，涉及的内容宽广而精准，可以给孩子们各种知识的启蒙，意义深远。

（2019年1月访谈）

祁　智

字里行间有好的风景

祁智，凤凰出版传媒集团编审，国家有突出贡献的中青年专家；江苏省作家协会副主席，一级作家；第四届江苏省德艺双馨中青年文艺工作者，第二届"书香江苏"形象大使，江苏文艺"名师带徒"计划首批名师；南京大学特聘教授。

作品有《芝麻开门》《小水的除夕》《沿线》《奶牛阿姨》等。

将近两千个小朋友参与创作

问：您的《芝麻开门》里有很多生动的小故事，十分富有生活气息，有的似乎就发生在我们身边。您的那些灵感都是从哪里来的？

答：一开始我其实不是写儿童文学的，我写了很多成人小说，也获过全国性的奖项。我为什么会写

祁智《芝麻开门》

儿童文学呢？我当时在江苏少年儿童出版社工作，先后做文学读物编辑室主任、副总编、社长，参与了曹文轩老师的《草房子》、黄蓓佳老师的《我要做好孩子》等著名作家作品的策划和编辑工作，由此开始接触儿童文学。我接触儿童文学的起点非常高，都是名家，沈石溪、秦文君、张之路等。于是我也想写写儿童文学。

正好快到"六一"，《扬子晚报》问一些作家最近要写什么作品。我说我要写一部反映孩子现实生活的儿童小说，书名就叫《芝麻开门》。《扬子晚报》把这个消息发出去后，近两千个小朋友给我写信，或者是通过爸爸妈妈、老师，当然也有外公外婆、爷爷奶奶，把他们的故事告诉我。那些故事像雪片一样飞过来，我一时间成了一个大富翁。如果我是一个不节制的人，可以写出七八部《芝麻开门》这种篇幅的小说。我从孩子们的来信中选了一些故事，自己也找了一些故事。

问：孩子们的这种热情参与，给您的创作带来了怎样的影响？您有压力吗？

答：将近两千个小朋友参与创作，对一个作家来讲很幸福，同时又充满"危险"。因为小朋友每天都关心你创作到哪儿啦，他会通过各种办法找到你，甚至派代表到我们家来。很多人把我的创作当成了他们自己的作业。在创作兴奋期，我要写哪些人，这些人行不行，给他们取什么名字，他们的性格怎么样，等等，包括小说的小标题，我都会听听小朋友的意见。

我把写成的部分交给小朋友读的时候，特别注意他们看作品的眼神。如果他们的眼神停留在我的小说上，看了之后目光回过来，再看一遍，我就特别开心，就知道这一段很好，他们是满意的。如果小朋友的目光连续跳了好几行，很快就把这一页翻过去，我就知道这一页有问题。在他们看的时候，我是一个小心谨慎的、胆战心惊的观察者，我看他们怎么看我的作品，他们的注意力是不是集中，他们的脸上是不是带着笑容，他们的感情是不是跟着我的作品走，我的作品能不能吸引他们。我觉得如果一部作品三行四行不能吸引孩子，孩子就会走神，作品的效果很可能一塌糊涂。

这样一开始就告诉孩子，请孩子来参与创作，孩子会有一种期待，会格外上心。他们知道这个叔叔在为自己写作品，会充满感激，充满期待。有个叔叔为他们写长篇小说，你想想，这是多大的事情啊，对他们来讲，比自己的事情还重要。

到孩子生活中去找故事

问：阅读《芝麻开门》时，我常常忍不住笑出声，那些孩子就在书页间蹦来跳去。作为成年人，您为什么能对孩子的心理和行为拿捏得这么精准？

三十人行
给孩子的人文访谈录

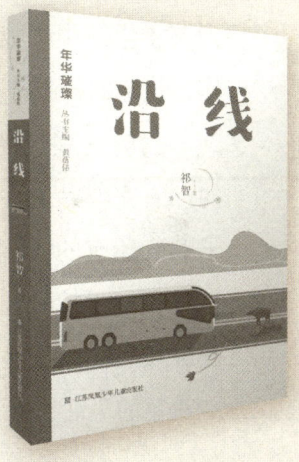

祁　智　字里行间有好的风景

答：我是一个非常细心的人，特别注意观察人的表情、动作。我小时候写文章也乱编，我妈妈跟我说，你看见什么写什么，没有看见的不要写。对我来讲，这是非常头疼的事情。编很容易，但是写真人真事、表情、动作、细节都要写得真，却很难。但是妈妈对我"不依不饶"。所以，我小时候的作文没有什么好坏之分，只有像和不像。从那个时候起我就注意观察。在一些场合，我们看孩子，他们好像都是一样的，其实每个孩子都不一样。一个作家要做的，就是发现"不一样"，也就是"这一个"。

一个儿童文学作家写出的作品要让孩子喜欢，只有到孩子生活中去找故事，找语言，找情节，找细节，找动作，找他们的眼神。编，孩子是不认账的。

我的这些灵感、这些描写、这些人物，都是生活中的。看完作品之后，有家长跟我说，你怎么写的是我的孩子啊？还有的同学说你怎么写的是我们班呀，你什么时候来过我们学校呀？不是我"来过"，而是我"去过"，我确确实实到孩子生活当中去过，所以他们才觉得写的就是"我"的生活，就是"我"旁边的人物，所以感到亲切。

问：所以，这部作品中尽管写到多个儿童的形象，可是个性鲜明，各有特色，给读者留下了深刻印象。

答：小说要有人物，人物就要有性格，性格要通过故事来塑造。不同的人做同样的一件事，因为性格不一样，结果也不可能一样。举个例子，武松打虎和李逵打虎，人物性格不一样，打虎的动作、结果都不一样。再比方鲁智深看菜园子，如果换成李逵看菜园子，换成林冲看菜园子，结果也不会一样。当然，作家不可能让大家都去看菜园子，这件事情得安到合适的人身上。为了塑造鲁智深，就可以通过拳打镇关西、看菜园子来表现，而不需要通过景阳冈打虎、风雪山神庙来表现。人物要通过事件来塑造性格，这件事情如果能够塑造这个人的性格，那么就可以把这件事情安到这个人的身上去。

比方我写的张天小朋友。他一直都想特别优秀，他是转到这个学校的。爷爷奶奶、外公外婆等一哄而上，对他的要求非常严格。他在家长的要求之下表现得规规矩矩，其实内心是非常复杂的，有自己的小九九。这个小九九就是他的另一面。他写了好多日记。在日记中，他把自己写成一个自由的、快乐的、无所不能的，而且是很优秀的人。这样的事情，可以从另外一个方面让张天的性格更加丰富。再如，小朋友要回家体验当家做主的那一天，他不想让爷爷奶奶、外公外婆睡觉，求他们一定要熬到半夜，熬到半夜就是"第二天"，他就可以当家做主了。零点一过，张天的神态马上就变了，变成家长了。像这些事情，都是为塑造人物性格而准备的。

面对一两千个故事，我就要从中选择，哪些故事适合这个人，哪些故事适合那个人。即使给我提供的故事，是写人物小心谨慎的,但我可以拿来放到另外一个粗心的人身上,去塑造另外一个人的性格。这完全是作家根据无数的素材进行的艺术创作,来源于生活,又高于生活。什么叫高于生活?其中有一块就是我们可以把故事进行调整,进行区分,进行归纳。

问:听您这么一说,我想到了小说中对李强军训时的一段描写,特别真切。

李强的鞋带没有系好,左脚踩到右脚的鞋带上,把右脚的鞋带踩开了。他知道有纪律,恰好眼角的余光又好像看到迟速在注意他,因此,他坚决不弯下腰去系。他脚趾用力,使鞋紧跟着脚。他走得很认真,而越是认真,越是走得一高一低。后面的同学偷偷地笑,他不管。为了两脚一样,他悄悄地踩开左脚的鞋带。这样,两只脚一起用力,不再忽高忽低了,但每一步都是在地上拖,仿佛是在过雪山草地。班长几次奇怪地看着他,都被他严肃刚毅的面容吸引,而没有发现他脚上的问题。

——祁智《芝麻开门》

答:谢谢你注意到李强的这个性格。我确实在军训的队伍中看到过一个小朋友,脸色很刚毅,但是脚下很哆嗦,很别扭。我很奇怪,后来才明白,这个小朋友就是我书中所说的那样。这个细节非常好,但要把它写出来可不容易,我还真的穿着鞋子，一只脚的鞋带松开，再弄另外一只脚，把鞋带拆开，体验怎么走。我才把这个细节写真实的。

江苏有一位非常有名的老作家，叫汪曾祺。关于小说，他有一句话："小说小说，往小里说说。"你要说得越小越细越好。大家都知道，说个大概很好说，一句话、两句话就可以。你往小处去说，这事儿就难啦，因为要靠一个一个很小的东西来支撑。你怎么办？就要观察得仔细，还要把它描写得仔细。

问：还有这个片段，描写测试时孩子们的不同表现，十分细致，通过这些外在的表现，能够捕捉到不同人物的性格特点。

迟速的脸上没有表情。他面对一道题目，先是坐直身子一动不动地看，大概全想透了，才拿笔很快地写，做完了又放下笔，再坐直盯住下一个题目。

杨晨的身体不停地变换着姿势，写得快，擦得也多，一边擦一边吹橡皮屑。

欧阳峰嘴里总是嘀嘀咕咕。他先用手指在桌上比画，再把有把握的答案写上考卷。写着写着，他就把自己的笔给钟海涛，再夺过钟海涛手中的笔。两支笔被他换来换去。钟海涛被他搅得思路断断续续，忍无可忍，只好把身子偏向一边。欧阳峰拿不到钟海涛的笔，就拿橡皮，拿尺子。两个人的文具被他混在一起，连他也不知道究竟是拿哪个好了。

——祁智《芝麻开门》

答：我做过老师，我知道学生会有哪些动作，会有哪些表情，尤其是在一些人很集中的场合。看起来每个孩子好像没什么特别，都是一样的，一起回答，一起考试，一起做卷子。其实仔细观察，每个孩子都不一样，坐姿、表情、动作，包括其中的细节。

要集中写几个人是很难的。但是你把几个人写在一起，把他们写好了，写出区别，那就很有意思。这段文字都是我自己观察来的。

写出来的东西要有画面感，这种画面感，要靠我们发现的真实的东西去填充。如果没有真实的东西，是写不出画面感的。看完之后脑海中就能想到这个人，就能想到这个动作，就能想到这个表情，就能想到这个指尖，就能想到这道眉毛，这完全要靠你的文字来表现。这看起来很难，其实又不难，因为生活把素材已经提供给我们了。

有意思，是作文的立命之本

问：提到作文，无论学生还是家长，不少人都感到困难。对此，您有什么建议？

答：我觉得家长们太着急。二年级写话，就让他写话，这个话可能是颠三倒四的，没有问题。一二年级小朋友刚开始写话，就要求文通字顺，小朋友会没法进行下去。他想怎么写就怎么写，写错字了、用词不当或者是写颠倒了，都没有关系。

　　再有，我们永远都不要让孩子去乱编，要看生活当中的故事，要把生活中的细节描绘出来。那么，家长说孩子没有事情怎么写呢？孩子要像画画练习素描一样，学习描摹生活。我写李强军训，写孟可文踢足球，那些文字不就像一个画家刚刚学画时的素描吗？不仅如此，你如果有兴趣，可以按照我提供的文字，演一遍。我为什么能够写得那么细，就是因为看得细。越细越好，写细了，就有文字可说，就不怕写不长。

　　我让孩子练习，从三个字写到三百个字。哪三个字呢？拿筷子。我给他示范，孩子竟能写三千个字出来。所以我们要让孩子注意观察。我想跟大家说，从今天开始记忆，从明天开始回忆。一个孩子如果准备十个、二十个故事在自己的肚子里，是不怕任何考试，不怕任何竞赛的。

　　孩子作文为什么写得不好，其中一个原因，小朋友用的动词很少，传神的、特别的动词更少。你看我写的孟可文，包括李强，用了多少动词啊，我是靠动词来推动故事情节的，而不是简简单单地靠一种叙述。我们看电影要看动作，没有动作，两个人坐那儿聊天，我们看不下去，是要睡觉的。你的文字中有很多的动作，就很丰富，就好看。动作从哪里来，从我们的观察中来。一篇记叙文用了很多动词，夸张一点说，五百字的作文，如果动词能达到六十个、七十个，这个孩子的文章多精彩。

问：写好人物动作，用准动词，这对于写作十分重要。现在的问题是，不少孩子对于事件中人物的动作是模糊的。这个问题怎么解决？

答：我其实是很笨的一个人。我小时候写作文会乱编，现在叫我乱编，却编不出来。为什么？因为我已经不需要编了，我只要闭上眼睛就会有动作，就会有表情在自己的眼前。

我听了孩子讲的故事之后，会到生活中去验证。为什么？因为他没有跟我讲细节，没有跟我讲具体的动作和表情，我要去观察。我写的这些文字，我自己都会表演一遍，自己要去试验一遍。曹文轩老师在我的作品推荐会上说，现在能够这样做的作家已经很少了。为什么？因为我的故事中间都是动作。

比如"笑"，很简单，但是你要把笑分解开来，那就不简单了。你如果能把笑写下来，写出二十个字，那这个笑就很好玩。小朋友说妈妈喜欢发火，只是这样写不好玩。可是有一个小朋友说，爸爸发火的时候我就会去关门窗。你想，爸爸跟我发火，我就去关门窗，这有好几个层面的意思啊。一个层面是，爸爸发火，声音很大；第二个层面是，我不想爸爸发火的声音被别人听到，对爸爸的形象不好，我赶紧把门窗关起来；第三个层面是，你发火，小朋友首先想到的是维护你的形象,你是不是会鼻子一酸?这样一来,文字的感情就出来了,文字的温度就出来了。还有一个小朋友说,我妈妈喜欢发火,只要妈妈发火,我和爸爸就很紧张,盯着妈妈的脚,看她脚上的那只鞋子往哪个方向踢。这样就把妈妈的发火给写出来了,不仅写了妈妈的发火,而且通过我和爸爸这样一个动作,参与了妈妈的发火,这就不是简简单单地写。所以,文字是有生命的。

问:听您这么讲解,我突然想到,在《芝麻开门》里就有一个写大家欢笑的场面,很有特色。

欧阳峰咬紧牙关、瞪大眼睛瞪着对面的钟海涛。钟海涛把鼻子皱成一个小烧卖,让人看不出是不是在笑。李强耷拉着眼皮,眼睛盯着鼻尖。李强对面的孙新悦鼻翼一动一动的,好像悲伤得快要哭了。薛平悄悄咬着下嘴唇,等于把笑咬住。薛平对面的朱岩将眼睛向上翻,留给人的全是眼白……

张天没见过这么丰富的表情,禁不住想笑,猛地看见杨晨在注意他,笑就在涌出的一刹那凝固在嘴角。

杨晨觉得张天鬼头鬼脑的,像一个密探,这个形象和将军、元帅的区别太大了。他控制不住地大笑起来:"嘿嘿嘿嘿……"

"哈哈哈……"

"嘻嘻嘻……"

——祁智《芝麻开门》

答：这些东西就存在于我们生活当中。有的家长说，这样写出来有什么意义，写拾金不昧多有意义呀。我要跟各位家长和老师说，写文章得有意思啊，有意思最重要啊。你说三年级、四年级、五年级的孩子能写出多少意义？但是他可以写得很有意思。很有意思，就是作文的立足、立命之本。

孩子的事故就是好的故事。《芝麻开门》写了好多孩子们的事故。有些老师和爸爸妈妈问我，你写的小朋友怎么都那么好啊？都那么好吗？其实都有缺点。但我不忍心说孩子不好，孩子的成长才开始，哪有什么不好的？孩子在成长过程当中，可能有这样的不是、那样的不是，这是正常的，甚至是必需的，只要成长就会有成长中的问题，关键是我们怎么看这些问题，作家怎么写这些问题。

我还有一部长篇小说《小水的除夕》，写了好多"坏事"，那些事情放在一个小朋友身上就特别有意思。

如果我要再写我的小时候，还会有好多"坏事"。我们小时候没有钱买糖吃，怎么办呢？我去把人家的锅偷了卖了。人家发现锅没了，赶紧上废品收购站把锅买回家，然后上门找我妈妈说，你家孩子又干坏事了。我们为了掏鸟窝，爬到房顶上，把人家房顶踩通了，掉到人家床上，结果床不结实，又从床上掉到地上，把房子搞通了，床也搞塌了。我们推铁环，没有铁环怎么办？我把人家的马桶箍偷了去推，马桶箍掉河里面去了。人家说我家马桶箍呢，我指着河里说，在那里呢。

　　这些都是"坏人坏事"，但是孩子就是很好玩，这就是好玩的事情，就是有意思的事情。我专门有一个讲座，就叫"事故与故事"。我们要让他们写自己的生活，不要担心他们写出来的有没有意义，要担心的是他们能不能写得有意思。有意思，就是最大的有意义。所以，我们不要去猜老师会出什么题目，我们要做的一件事，就是要准备故事。

　　问：请为孩子推荐中外各一本书。
　　答：中国的，《水浒传》。外国的，《昆虫记》。

（2019年6月访谈）

郁 蓉

张牙舞爪地发挥创作激情

郁蓉,英国皇家艺术学院(Royal College of Art)硕士,曾师从英国著名的儿童插画大师昆汀·布莱克(Quentin Blake)爵士。郁蓉创作的图画书均以剪纸和铅笔素描相结合,风格独树一帜,除了中国之外,她的作品已在英国、美国、意大利、荷兰、日本、韩国等国出版。代表作包括:《云朵一样的八哥》《烟》《夏天》《我是花木兰》《口袋里的雪花》等,《云朵一样的八哥》获第24届布拉迪斯拉发国际插画双年展金苹果奖。目前定居于英国剑桥的乡村。

性格影响创作

问:郁老师好!听说您给家人都取了昵称,先生叫毛驴,三个孩子分别叫毛豆、辣椒、扁豆,连猎犬都有个可爱的名字,叫嗅嗅探长,怎么想起这么称呼的?他们又怎么称呼您呢?

答:这些名字不是昵称,都是他们真实的名字,我们在家里就这么叫的，算是小名吧。我刚刚问了我们家老三，要是给我一个昵称会是什么，他说是"家庭间谍"，或者说"家庭警察"。他说，他们在家里做的任何微妙的、隐藏的、秘密的事情，总是逃不过我的眼睛。

问：我感觉您是个超级大玩家，看过您很多照片，都有点"疯"和"搞怪"，一贯内敛的那些人，像曹文轩老师，跟您合影时也像换了个人。这种性格影响您的创作吗？

答：性格肯定影响创作的，性格也会影响人生的选择和人生的取向。我可能有一些"粗野"，不太拘小节，也不太守规矩，创作的时候经常会不着边际地、四面八方地、张牙舞爪地发散、发挥创作的激情。

我跟曹文轩老师合作的《一根绳子》里，有一幅是一个男孩儿用绳子装成蛇去吓唬女孩儿，那个男孩儿的原型就是我家老三。我拍了他做鬼脸的照片，按照他的神情发挥成那幅画。这个做鬼脸的表情，女孩儿们四处逃窜的动态，就是当时感受的那种扩张的表现，就是把头脑中的感觉通过手和笔释放出来的效果。后来想要改动这个表情时再也画不出来了。

每个人都有含蓄和奔放的两面性，像曹文轩老师，可能平时比较优雅，跟我碰到了就没办法啦，他那一面比较放松的状态找到了一个出口，被迫地瞬间地表现一下。

三十人行
给孩子的人文访谈录

郁蓉（右）与昆汀·布莱克

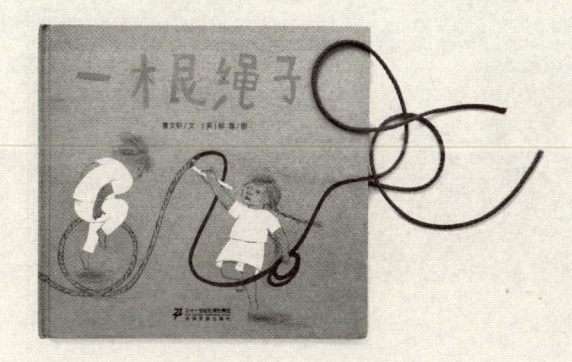

郁　蓉　张牙舞爪地发挥创作激情

郁蓉儿子的鬼脸照片

《一根绳子》里的图画

郁蓉（左）与曹文轩

问：谈起您，绕不开昆汀·布莱克，您会介意人们总这么提起吗？他对您最大的影响是什么？您认为，他最欣赏您哪一点？

答：我不介意大家提起，他是我做童书的引路人，是我极其重要的导师之一。即使我在皇家艺术学院毕业以后，他也一直不断地支持我，鼓励我，引导我。他现在年纪大了，很少来剑桥了，以前每次来剑桥，都会让助理邀请我们去会面，畅聊。

他对我的影响是对生活的观察，对生命的理解，对世界的尊重和赞美。他最欣赏我的地方，可能就是我通过自己的眼睛，在生活中积累点滴的洞察，去接受，去过滤、想象，最后通过纸和笔把它呈现在读者面前。他能看懂我作品里的幽默和快乐。

挑战激发潜力

问：听说，找您合作的作家不少，您选择故事的标准是怎样的？

答：确实，现在经常有出版社，或者作家给我看故事，因为时间有限，我选择故事很严格。

首先，看第一遍阅读时的感受，是否让自己触动。这种触动会带动我打开创作的窗口，感觉到创作的灵感，或者说激情会油然而生。这是一个本能的感受，就是读了文字故事，脑海中会有一个视觉的直接共鸣。我想别的艺家也会有这个感受。看到同一样东西,有的人会有一种冲动,有的人就没有,这取决于每个人想拎取的打动自己的东西是什么,有时候只可意会不可言传。

其次,选择我从来没有做过的内容。猛一下子遇到这样的故事,自己会觉得不知所措。应该怎么去驾驭这个故事,这是有挑战性的。我觉得人的能力是无限的,在一定的挑战下会激发出更大的创作潜力。

问:剪纸加铅笔素描,这是您作品的鲜明特色。您的作品与民间剪纸很不同,您在追求什么?

答:第一,我追求在创作中如何淋漓尽致地体现和发挥所学,学有所用。

第二,追求在创作中得到满足和幸福。有时候画了一幅画,我就非常喜欢,会不时拿出来自我欣赏。这是实现了一种自己的艺术价值吧。

第三,我追求一种属于自己的、能很舒服地运用于创作的艺术风格。

第四,追求代表自己出生地和在被经历影响下展现的文化,自己的文化和艺术。

问:《李娜:做最好的自己》是您的最新作品,纵观中外,图画书中人物传记类作品鲜有出色者,您这本刚出版就获得很多好评。您是有意要挑战这一题材吗?在创作

《李娜：做最好的自己》（阿甲/著 郁蓉/绘）

时，最让您费心的是什么？

答：这本书是我前面所说选择故事的第二个标准，觉得很难，所以去做。

李娜的经历和精神让我很感动。做这本书确实非常有难度。这是人物传记型的图画书，最难处理的是真实性和艺术性表达的平衡。比如说人物形象像不像，色彩跟当时真实场景的差别，怎么呈现。还有要设身处地地去理解，李娜的家庭生活对她的成长经历和运动生涯的重大影响。只有把这些细节，故事的线索搞清楚，才能在创作的过程中，通过一些很细小微妙的东西去表达很大的情感波折。

另外，她的经历，她的追求，她的执着，还有运动的激情和张力，都不容易表现。

一个题外话，这本书里有一页，表现李娜在1997年第一次拿到全国冠军，她的头仰望天空，背景是沸腾的观众，还有采访的记者等。那幅画我自己非常喜欢，非常满意。画她的头像时，我折腾了很久。那时候她十五岁，需要表现她当时家庭的压力，青少年的迷茫、挫折，加上坚定执着的追求梦想的信心。一切复杂的心情都浓缩在脸部的表情上，非常难处理。

《李娜：做最好的自己》中十五岁的李娜

绘画需要感受和勇气

问：对于学绘画的孩子，您能给点建议吗？

答：最好的办法就是提供材料和工具，就让他随便去画吧。我觉得每个孩子都是天生的艺术家。

拿音乐跟绘画比较吧，音乐是一定需要功底的，钢琴啊，小提琴啊，各种乐器，需要基本功，才能去跟乐器互动。绘画还是蛮讨巧的，只要你有感受，最主要的你要有勇气，一张纸，一支铅笔，就可以去画，就能画出任何东西。

问：请推荐两本图画书，中外各一本，您自己的除外。

答：国外的，法国鸿飞文化出版社出版的《孔子的一生》。叶俊良老师的文；绘画者克蕾梦丝·波列，画过花木兰。这本书我特别喜欢，首先当然因为内容是关于孔子的，我最近对孔子、老子，《论语》《道德经》这些非常

《孔子的一生》（叶俊良/文　克蕾梦丝·波列/图）

感兴趣，它们代表我们自身文化的一种精髓。另外，这本书在用色方面也让我非常欣喜。

国内的，我推荐余丽琼和周翔老师的《小美的记号》。余丽琼的文字很朴实。这本书讲述了一个孩子的成长故事，过程中有很多心理发展的波折。周翔老师是我非常尊敬的老师，他用温暖的黄色调，通过简洁流畅的线条表现整本书的画面，非常容易就会吸引读者，帮助读者身临其境地体会这个故事。

（2020年5月访谈）

余 雷

写作是游戏般快乐的事

余雷,昆明学院教授,昆明学院民族儿童文学研究所所长,中国作家协会会员,《儿童文学》十大金作家之一。作品曾获冰心散文奖、冰心儿童图书奖、冰心儿童文学新作奖、台湾九歌第二十届现代少儿文学奖等奖项。已出版儿童文学作品数十部。

通俗文学和纯文学可以互相借鉴

问:您的作品既有纯文学,又有类型化的少儿武侠、奇幻小说等。纯文学和通俗文学各有特点,您在创作时是怎样考虑的?

答:我在创作两类作品的时候并没有刻意为之,写作前也没有预先设定这个作品是通俗的还是纯文学的。我的写作习惯和很多人不一样,我不习惯把每个章节的大纲都写好以后再创作,而是制定一个大致的方向,找到尽可能多的背景材料,积累尽可能丰富的细节,就动手写了。所有作品的构思方式和写作路径都是一样的,但最终呈现的结果却不一样。这是因为，写到后来，每部作品中的人物和情节都有了自己的走向，人物会按照自身逻辑去生长，情节的发展常常和预想的不同，当然，也和写作时的情绪有关，情绪对作品的文字绝对有影响。这样的结果是，写作中出现新的灵感常常让自己豁然开朗，有更多新的想法和发现。写作因此成了一件游戏般快乐的事，我从来没有觉得痛苦过。

通俗文学和纯文学并非水火不容，完全可以互相借鉴。通俗文学和纯文学首先都是文学，只不过在意境和意蕴的追求、创造上有所差别。通俗文学作品追求故事性，痛快淋漓、毫无顾忌地讲述故事；而纯文学作品追求审美意蕴，希望作品中蕴含更多可以思考和沉淀的内容。二者都有自己的目标和功能，拥有各自的读者群，两种类型的文学作品同时存在并不矛盾，也没有高下之分。通俗文学可以借鉴纯文学的写作技巧，讲述故事时增添一些艺术描写，可以让讲述更打动读者。而纯文学可以学习通俗文学的故事结构，让艺术表达更吸引读者。英国著名儿童文学作家罗尔德·达尔就是将两者结合得很好的典范。

少年武侠要给儿童现代观念

问："笨侠"系列是少年武侠小说，我猜测您比较喜欢金庸吧？能结合"笨侠"系列，谈谈少年武侠的特点吗？

答：我喜欢金庸，也喜欢古龙。金庸的作品大气磅

三十人行
给孩子的人文访谈录

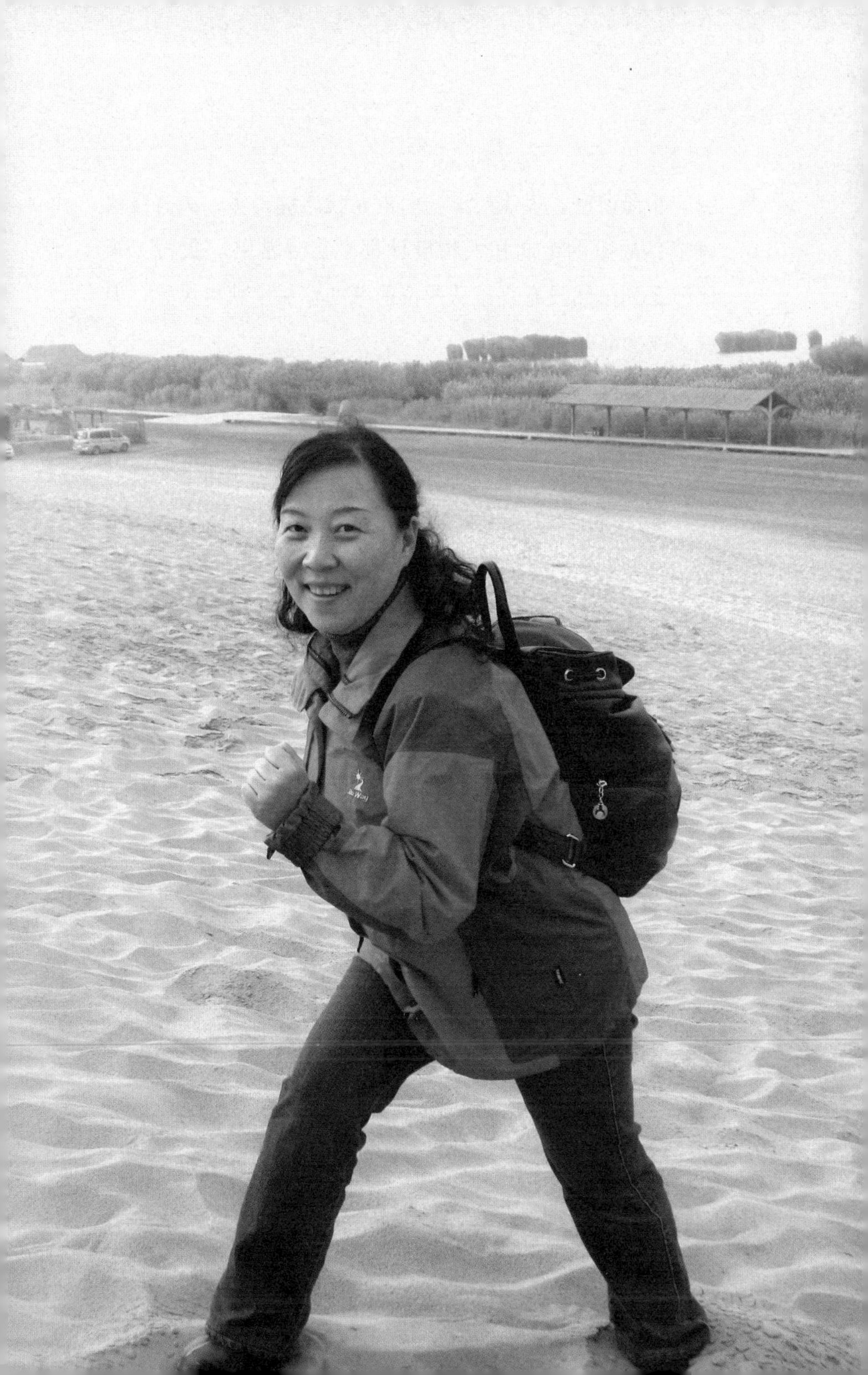

礴，布局严密，表达严谨。而古龙就恣肆得多，更有怪侠风范，故事的走向和人物设计都不走寻常路。我写"笨侠"系列虽然没有直接从两位前辈的作品中获得灵感，但或多或少都有一些影响。

武侠小说属于类型化小说，故事框架无非是武林世代恩怨、武林门派或是盟主之争、寻找秘籍、侠客匡扶正义之类。金庸和古龙的作品胜在于武侠世界中讲述人情冷暖、世态炎凉。金庸作品中常常有傻小子成功的经典情节。或是天资拙劣，或是出身低贱的傻小子经过某种奇遇之后成为了武林高手。这类底层逆袭的作品受到大量读者欢迎的原因是代言和励志，就像那句流行语：人不能没有理想，万一实现了呢？傻小子们甚至连理想都没有，最后却功成名就，难怪华罗庚把武侠小说叫作"成人童话"。儿童文学作品也需要这样具有童话品质的故事，但主人公成功的可能性必须更合理，奇遇故事必须符合儿童的接受和理解能力。

"笨侠"最初的灵感是看到葛冰老师的《天街》后萌生的，那条街上所有的住户都是曾经的武林高手，他们厌倦争斗之后来到这里，用自己苦练多年的武功谋生。于是我就想写一个武林高手聚集的桃花源，那里没有门派之争，没有争夺秘籍的血雨腥风。开始打算写得轻松幽默，解构各种武侠小说中的经典情节，向葛冰老师的作品致敬。可是下笔之后发现，尽管武林世界远离现实，但众多高手聚集的山谷也是一个小社会，这里一样需要制度和秩序，即使居民们已经没有了杀伐争斗的想法，一样会被外部世界干扰，外部的很多因素不可能让这里如桃花源般远离尘世，不知魏晋。阿九也是一个傻小子，他突然之间成了庄主并不是故事的完结，而是刚刚开始。他必须在一个陌生的环境中领着一群陌生的人逍遥于江湖之外，负责山庄里的安全和发展。"笨侠"第一本在明天出版社出版的时候书名叫《独当一面》就有这个意思。后来在中国少年儿童出版社出版时才改名为《无字令》。

余雷《独当一面》　　　　余雷《无字令》

少年武侠小说的故事背景常常是模糊的。周锐老师的《侠路相逢》的故事背景虽然放在明代，但明代的社会背景和历史事件对故事的走向没有太多影响。孙幼军老师的《仙篮奇剑传》的故事背景在南宋，整体的故事结构与成人武侠小说较为接近。但主人公的身份是一个小乞丐,年龄较小,虽然练成神功后卷入了起义军与朝廷的争斗,但所起的作用对历史事件的影响有限。少年武侠小说历史背景的模糊性与儿童文学作品必须谨慎书写历史有关,少儿读者对历史事实和历史事件的认知有限,不能随意在作品中设计人物和情节,否则会影响他们历史观的形成和历史知识的准确掌握。"笨侠"系列模糊了时代背景就有这个原因。另一个原因当然就是偷懒,要写出一个历史时期的特点不是一件容易的事情,必须查找大量资料。我曾写过一本明朝背景的小说《红豆》,研读明代的各种资料就花了近三个月的时间。当时的食物、服饰、婚俗、使用的器具等,包括那个时期小姑娘缠脚的各种方式都要了解到。找了很多明代背景的影视作品看,尽可能让自己走进明代的街巷,在明代的空间中构思故事。

少年武侠与成人武侠的另一个区别是主题意蕴。成人武侠小说中渗透着"侠之大者,为国为民"的思想,读者熟知的很多侠客舍生取义的故事,其实都把侠客放在了一个道德水准高于常人的位置,他们不得不牺牲自我维护大义。这样的观点不能说不对,但就儿童读者而言,更应当给他们一些现代的观念,让他们从小说主人公的身上获得成长的力量,得到面对生活的智慧。因此,"笨侠"中的阿九做了庄主之后,在大事的抉择和判断上还是在说孩子话,做孩子事。最终让他化险为夷的是善良、诚实、勇敢等品质，而非高远的目标和理想。与传统意义的侠义之举相比，阿九的所作所为更贴近少儿生活。

少年武侠小说和成人武侠小说最大的区别是不能有过多的暴力描写。武侠小说是由"武"和"侠"两个部分组成的。对于武的描写，成人武侠小说为了吸引读者可以无所不用其极，但少儿读者的认知和接受能力有限，在描写性、暴力等情节时需要节制，或是点到为止，或是用充满想象的招式出奇制胜，四两拨千斤。阿九的武功就属于后一类。

长期积累，偶然得之

问：纵观您的作品，能感觉到您在文化上的努力，即对本土文化与民族气节的挖掘与弘扬。小说《阿朗的桥》以滇缅公路的修建为背景，《小小赶马人》的故事设定在茶马古道上，《笨精灵的奇幻之旅》以《山海经》中的元素为背景，等等。较之纯粹的想象与虚构，这样的创作增加了不少难度，您是怎么考虑的？

答：儿童文学的教育功能是最基本的功能之一。儿童通过阅读能够扩大自己的视野，在对外部世界进行了解的同时掌握相关的知识，形成自己的知识储备。因此，儿童文学作品所提供的知识点必须是正确和准确的，这是儿童文学作家的责任。即使是在童话这样以幻想为主的作品中，也应当让人物具有物性的特点，不能让鱼翱翔蓝天，让小猫在水下嬉戏，而应当充分体现每种事物最基本的特点。因此创作时我有意识地让作品中的细节尽量真实,能够为读者提供正确的信息,不误导读者。

我的与云南边地相关的几部作品都是实地考察后创作的。写作《小小赶马人》和《阿朗的桥》前,我查阅了大量的相关资料,多次去故事发生地参观走访。小说中提到的历史事件是真实的,道路和桥梁是真实的,路边的客栈是真实的,文中描述的风俗、节日、人物的衣着、食物,甚至故事发生地的植物都是真实的。这两部作品写作的时间很短,但准备的时间很长。

余雷《小小赶马人》 　　余雷《阿朗的桥》

表现滇剧传承的作品《绝活》则是跟踪一个滇剧表演群体一年之后写成的。这期间不仅去看戏,和老艺人聊天,还咨询了相关的研究人员,查阅了大量滇剧史料,看了很多滇剧的影像资料,以确保作品中出现的滇剧知识是正确的。

我对以《山海经》为背景的那套幻想小说其实并不满意。作品对《山海经》的运用还很生硬，只是把《山海经·南山经》里的地理、异兽、植物花卉、奇异传说放进故事里去了，仅能让读者在阅读中了解《南山经》，对中国文化并没有太多深入的挖掘。新书发布会的时候，梅子涵老师问我："《山海经》有多少个版本？你用的是哪个时期的哪一版？"当时我只能说出参考的《山海经》的出版社和出版时间。梅子涵老师说："你写这个题材，应当成为这个领域的专家。"当时觉得醍醐灌顶，觉得自己对《山海经》的了解还是太过皮毛和粗浅，所以第二部迟迟没有动笔，还在研读。

问：您这番讲述让我很感动，我看到了一个作家对待作品和读者的严肃态度。感觉您是个快手，创作时出手很快。这缘于什么？

答：我算不上是很勤奋和多产的作家，只不过我的每部作品创作的时间都很短，给了大家快手的印象。

给学生上写作课讲到灵感的时候，我喜欢讲"长期积累，偶然得之"。写作不是靠灵感支撑的，因为电光石火之间的灵感毕竟有限，作家是在用经验和思考创造一个新世界，创造新人物。一个爱写作的人应该是生活的有心人，他们会自觉地去关注季节的变化、时事消息、身边发生的小事，去感悟与自己相关的一切，去思考我与自然、我与社会、我与自我的关系。

我有很多个素材笔记本，即使在看电影、电视剧的时候也会记上几笔。虽然没有记日记的习惯，但现在的微信、微博其实有日记的功能，每天写上一小段不仅在练笔，也在锤炼自己的思维能力。我对各种资讯都有兴趣，加上现在是教新闻评论学的老师，对时事新闻的关注也比其他人要多，这些都是在为自己的写作做积累。作为一种生活习惯，写作并不只是每天写多少字，而是每天都在关注和思考与写作相关的事。我想，正是这样的习惯让我可以完成出版社朋友们布置的临时任务，完成那些五花八门的任务靠的就是平时的积累。目前为止，儿童文学的所有体裁我都有作品，很多题材都有涉猎。但缺憾就是没有自己标志性的作品，所有的作品没有摞起来，而是铺了一地。

真实地体现孩子的命运

问：您去泰国支教已经有一段时间了，这段经历会对您的创作发生影响吗？

答：泰戈尔在《吉檀迦利》中说："旅人必须敲遍异乡所有的大门，才能找到自己的归宿，一个人只有走尽外面的世界，才能抵达内在的圣殿。"这次支教的经历让我对这段话有了更深的理解。如果不是亲自到当地，你永远无法想象世界上还有这样一群人，在那交通不便的山顶生活着。当一个皮肤黝黑、笑声爽朗的女孩突然告诉你,她哪里都去不了,她没有身份证的时候,她的无助和沮丧让所有安慰都没有意义,同情和理解帮不了她什么。

这里的学生每周上课六天,每天在校的时间长达十二小时。按理说,他们应该最懂得知识能够改变命运,期望努力学习走出大山,去外面更广阔的天地看看。但实际上有这样想法的孩子很少,大部分学生都不爱学习,课堂纪律是每个老师最头疼的问题。而一旦有其他的文体活动,这些学生就立刻活跃起来。当我的学生们在"力争第一"的舞台上欢快舞蹈的时候,我被他们的热情和朝气感动,特别想写一写这群高矮胖瘦不一的孩子,写一写他们的青春,写一写他们的努力。

来之前已经有出版社和我签订了合同,让我写一写这里的孩子。我在观察他们的时候一直在思考、构思。其实,每一个国度的孩子都有着同样的成长焦虑,有着同样的生命困惑,如何在作品中写出这些孩子共同面对的问题,是即将创作的这部作品的难点。美国诺贝尔文学奖得主斯坦贝克曾说过一段话,大意是:当你觉得你是一群人的代表,要写出表现一群人的作品,你可能一个也写不出来;而当你只写你一个人的感受,就可能会写出表现一群人的作品来。我希望这部作品能够真实地体现这群孩子的命运。

这段经历让我以后的写作会更加谨慎,会更注重作品中传递的价值观,因为不是每个孩子都爱看书,当他看到你这一本时,最好能对他有所帮助。

问:热切期待着您的新作,我相信那将是一部很独特的作品。最后,请给孩子们推荐一本书吧。

答:《女巫》。该有的儿童文学元素这本书里都有了。当你朗读这本书时,看到从不听课的孩子开始专注地听,你就知道达尔赢了。

(2016年9月访谈)

朱赢椿

天性里还是喜欢玩

朱赢椿,书籍设计师,南京师范大学书文化研究中心主任,江苏省版协书籍装帧艺术委员会主任,全国新闻出版行业领军人才,第三届中国出版政府奖优秀编辑奖,"中国最美的书"、"世界最美的书"奖获得者。

平平静静地表达

问:您的图文日志《虫子旁》2014年出版,之后数次加印并输出国外版权。历经多年的酝酿和制作,《虫子书》在2015年得以出版,因全书无一汉字,皆由虫子们自主创作而成,引起读者和媒体的广泛争议。同年《虫子书》被大英图书馆永久收藏,并获评"世界最美的书"银奖,英文版已由英国ACC出版发行集团出版发行。由该书内容衍生的"虫先生+朱赢椿"书籍与当代艺术展,在英国、德国等国家和南京、台湾等地区举办巡回展。很多成年读者非常喜欢您的《虫子旁》,2016年出版儿童版后,又得到很多小读者的喜欢。能谈谈这本书的写作吗?

朱赢椿《虫子旁》　　　　朱赢椿《虫子书》

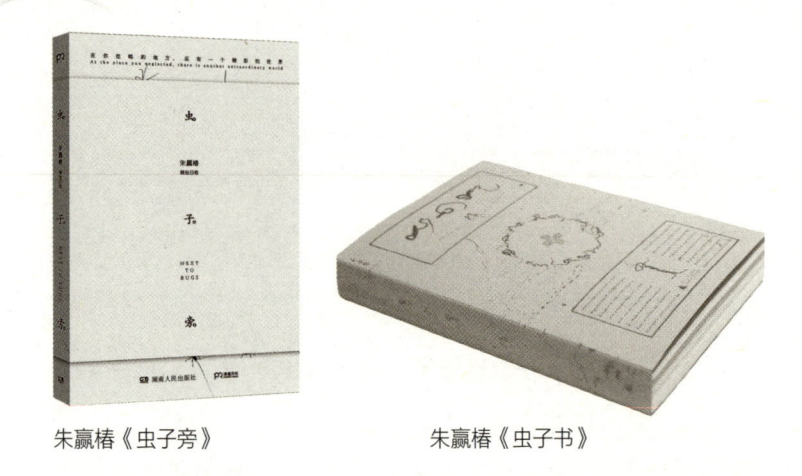

答：我为什么那样写呢？有时候写得很短，有时候不给结论。我自己不太喜欢漂亮而空洞的东西。读起来很漂亮，但里边没东西。我喜欢有真情实感但又朴实的东西，我自己的审美取向是喜欢质朴。我写这个作品的时候一再告诫自己，别粉饰，别涂脂抹粉。你看到了什么，就记录什么，平平静静地表达，不要有太多的慷慨激昂，留点空间给人家，不下结论。我经常会问：这到底是什么？我也不知道。我觉得不下结论的事情是比较有意思的。而且，我写的是虫子嘛，虫子的世界很多是科学的东西，很多我还不太清楚，所以我给自己留了一点儿余地。

希望看到火的样子

问：我注意到成人版和儿童版有一些文字上的差异，这是您本人的意思还是编辑的改动？

答：我自己也有这个意识，如果重做的话，还会更精致一点儿。我特别想看看你们上课讲这本书，想变成一个学生在一旁听，我觉得这肯定特别有意思。我想看看小孩子上课时是什么样的反应，上完课是什么样的感觉。

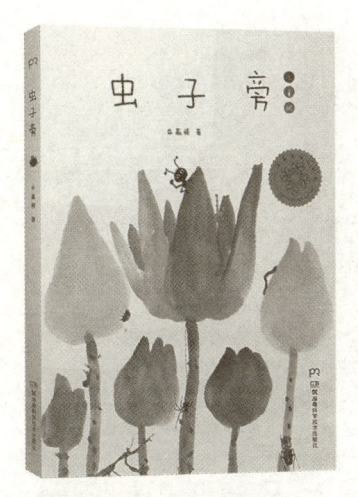

朱赢椿《虫子旁》儿童版

问：但有可能您会发现，读者的反应根本不是您的想法。

答：书是给人读的，书是让人产生另外想法的，那才是更高级的。如果我说什么别人就认为是什么，这反而不好玩。你的阐述，是根据你自己的生活、阅历、经验、审美、习惯进行的，这才更有意思。你是火柴，我是火柴头，遇到学生，"嚓"，一摩擦，才有火啊！我希望看到火的样子。

《设计诗》是玩出来的

问：我最早接触您的作品是《设计诗》，那些造型特别的诗真好玩，给人印象深刻。您是怎么想出来的？

答：《设计诗》，那是玩出来的，但是创作是非常认真的。我写那个东西时告诉自己不要重复。没有想法的时

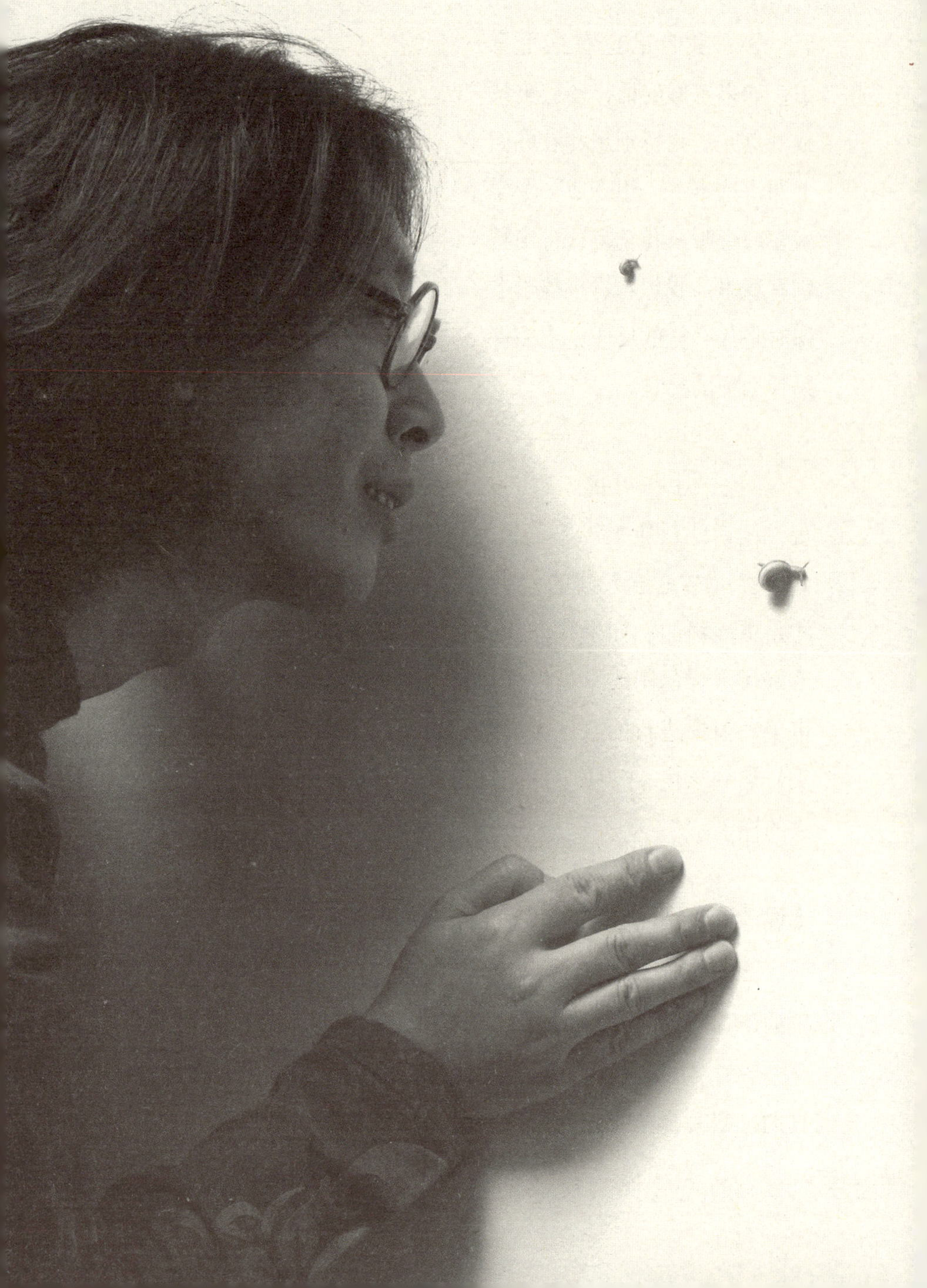

▲《虫子书》内页

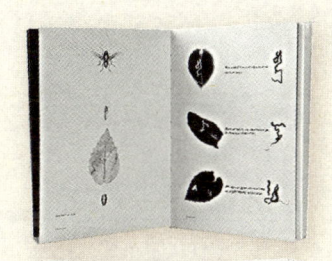

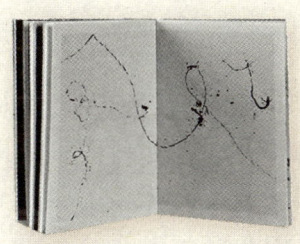

▲《虫子书》内页

▲《虫子旁》封面

朱赢椿　天性里还是喜欢玩

候就会去一些地方，比如去澡堂子。《设计诗》跟其他的作品不一样，讲究形式，是形式的表达。说句实在话，比正常诗的创作要难。正常的诗说就行了，这个说出来还得讲究形式。我就常常去泡澡。有时还在飞机上想。《设计诗》这个东西，先是要自然，然后要理性。用理性在这儿摆，摆出来还要让看的人不累。虽然你很累，但别人不能觉得累。

朱赢椿《设计诗》

问：您的创作风格跟您小时候的经历有关系吗？

答：我小时候没上过幼儿园，没书看，到小学高年级才有课外书看，导致我在大自然看天地这本书更多。我最大的图画书就是天地图画书。这本图画书对我来说很重要。我天性里还是喜欢玩，喜欢把新奇的东西分享出来。我还有很多书呢，没来得及做出来，还有很多好玩的东西。

有一种图画书是没有任何教育意义的

问：您觉得当下的图画书创作情况怎么样？

答：原创图画书的创作很难，说实话，整体来说好看的还不多。南京有几位优秀的图画书画家。比如朱成梁老师，他画得好，功底扎实，水平比较高。还有周翔老师、姚红老师等。国外引进版是泥沙俱下，都来了。这时候家长一定要会挑，现在的一些推荐、推广并不纯粹。

国外图画书画家比较绝的是法国的杜莱，他就用图像来说话，比较厉害，他懂儿童，让读者参与到故事中。比如他的《变变变》。

还有哲学图画书，比如美国谢尔·希尔弗斯坦的《阁楼上的光》《失落的一角》，用一种不会画画的人的方法画出来，告诉读者，故事最重要，图片可以退到第二位。

我也想在图画书方面有所发展。素材和想法攒在这儿，憋在这儿，还没出手，未来可能要做这个东西。我希望我做出来的东西里面有快乐。

问：您认为好图画书的标准是什么？

答：我觉得图画书有两种，一种是"正"的，比如讲爱的，讲悲悯的，讲生命的、温暖的，甚至让人泪流满面的，让人感动的，这只是图画书的一小种。还有一种玩的，没有任何教育意义的，无厘头的，就是让人快乐、开心的。这种占很大一部分，但这种在中国比较少。像有本图画书叫《母鸡萝丝去散步》，小孩看了开心啊，笑啊，它没有讲什么道理。快乐是图画书里很重要的东西。国产的图画书基本都是讲道理，讲故事，追求深刻。我要创作，肯定是另一个路子。我的创作——慢，特别慢，想好了再慢慢做吧。

问：您一本书一般做多长时间？

答：目前来讲没有快的，都要两三年、三四年。

问：创作周期最长的是哪一本？

答：《虫子旁》是四年，《虫子书》大概也要四年。《虫子旁》因为要拍照片，要等，一年四季，不是一年，四年，四个春夏秋冬，才做成现在这个样子。现在又做了四年，积累了很多东西。我本来不想做重复

朱赢椿观察蜗牛

的事情，但看到小孩这么喜欢，把一本书都翻烂了，我觉得还是应该把那些存着的东西展示出来。

问：这其实不是重复，是丰富。

答：我电脑里好玩的东西特别多。后面怪虫子要出来了，就是虫子里的流氓，虫子里的小偷，都出来了，开始有坏的虫子了。《虫子旁》里的虫子很多还是好的，其实

一有坏的，它就真实了。

"小王子"三个字就是最好的广告语

问：请您给孩子们推荐一本书。

答：我觉得还是《小王子》，里边有很多深的东西。这本书很短，语言文字比较放松，有一点神话色彩，讲到了很多东西，这些东西孩子未来会有用。孩子一开始可能读不出感觉，感觉不到有一种东西在里边，但读完之后，用他的一生去验证这些东西，会感觉很有意思。

问：您推荐哪个译本？

答：译本很多。最近梅思繁也翻译了，我还做了推荐呢。我写的推荐语是："小王子"三个字就是最好的广告语。

《小王子》小孩看也会嘎嘎笑的，一条蛇一顶帽子什么的，他会觉得很好玩。我没事的时候就会把《小王子》拿出来再读一遍。我觉得这本书读不尽，有很多东西在里边，不像有的小说，看了以后就不想再看了，一遍就结束。中国还很难有这样的作家。中国的作家普遍产量偏高，心里不怎么安静，出精品太难了。

（2018年4月访谈）

黄 海

科幻要朝向未来、探索人文

黄海，1943年出生于台湾省台中市，从事创作数十年，主要作品有《银河迷航记》《大鼻国历险记》《嫦娥城》《谁是机器人》《时间魔术师》《永康街共和国》《千年烽火》等。在大陆出版《鼠城记》《地球逃亡》《纳米魔幻兵团》《冰冻地球》。

《穿越地球》《机器人掉眼泪》被收入小学教科书，《深蓝的忧郁》《替代死刑》被收入中学教科书。作品曾获台湾地区中山文艺奖、华语科幻星云奖金奖等。

开始写作时还没有"科幻小说"这个名词

问：您是从什么时候开始科幻小说创作的？最满意自己的哪部作品？

答：台湾地区科幻小说的出现大约和当时美国的太空热潮有关，出现在1968年。那年年底，阿波罗八号宇宙飞船第一次绕行月球，那年年底我开始写作科幻小说。

黄海《大鼻国历险记》

黄海《奇异的航行》

黄海《黄海童话》

黄海《纳米魔幻兵团》

1968年我写作科幻小说时，台湾还没有科幻这个名词。台湾科幻是从传统文学里诞生的，台湾既没有科幻文坛，也没有科普领域。1980年年初我开始兼写儿童科幻，《大鼻国历险记》《嫦娥城》《奇异的航行》《黄海童话》都得了重要奖项，近年的《纳米魔幻兵团》得了华语科幻星云奖金奖。有

三十人行
给孩子的人文访谈录

黄　海　科幻要朝向未来、探索人文

的作品被选入中小学教科书,或被拍成电视剧、广播剧。

《银河迷航记》被选入"百年中国科幻小说精品",也许是值得记忆的一篇吧。近期我比较满意的作品是发表在大陆《科幻立方》杂志上的《躁郁宇宙》《哭泣的心脏》。前者提出了创意的科幻概念,后者对当代的恐怖战争有所批判。两篇小说都被选入《中国年度科幻小说》。

科幻小说应该具备的基本条件

问:科幻小说和科普童话有什么区别呢?

答:科幻小说的幻想性较强,朝向未来或未知领域,比较有艺术的伸展性,甚至探讨到人文社会层面,如著名的《美丽新世界》《一九八四》或其他的反乌托邦小说。科幻中常常出现一种假设的可能,未必是一定能实现的。如果是一定能实现的,称之为科学小说较妥当。科幻小说只能引发读者的好奇心或对科学的兴趣,不能用来推广科学。

科普童话的核心是将科学知识做童话故事的铺陈,一般被认为是负载着科普教育功能的。所以,科普童话里面包含的科学知识是已知的,如果写到未来的可能,必须是很有可能实现的,不能误导少儿读者。

问:您认为优秀的科幻小说应该具备哪些条件?这其中最为核心的是什么?

答:优秀的科幻小说应该具备的基本条件不外乎思想

和艺术。

思想，从两个方面说明。第一个方面是提出一个科幻或科学的创意点。如2017年上映的电影《降临》（台湾版本译为《异星入境》），根据华裔作家姜峰楠的短篇小说《你一生的故事》改编，讲的是如何与七足外星人（heptapods）沟通的故事。外星人有如章鱼，借着喷出"墨汁"形成的图像作为文字语言表达，这是一种科学推理、臆测中的可能。《降临》是有思想的，小说与电影的叙述感人，带着抒情，达到了一定的艺术效果。

所以，如果光有好的点子，缺少艺术地处理，就会变成科学说明书。就这点来说，英国人韦尔斯在1895年创作的《时光机器》堪称典范。虽然当时还没有科幻小说（sciencefiction）这个名词，但有人认为《时光机器》的出现是科幻小说进入元年的标志。

又如《熊发现了火》，这篇小说获得了美国星云奖、雨果奖、西奥多姆鱼纪念奖、阿西莫夫的读者投票奖、金色宝塔奖等。小说一开始就点出了科幻点，虽然这只是一种生物进化的可能，却让我们认为非常合理，震撼人心。小说这样开头："我和我的弟弟正在开车前往看望母亲的路上，在修车时，我们看到树林中熊拿着火把匆匆走过。"接着说，"我们修好了车，看到了在疗养院的母亲，听医生讨论着母亲日益恶化的病情，我坐在母亲身边，陪着她呆呆地看着电视，新闻上说熊已经不再冬眠，他们生了一堆火来度过冬天,这毫无疑问成为我和母亲聊天的话题……"虽然"熊发现了火"是一个假设,但是未来是否一定能实现是未知而难以证实的。

优秀的科幻小说的思想,第二个方面便是具备人文社会的关怀。《时光机器》借着时光旅行,批判也警示了社会发展的未来有可能走入阴暗面。

香港著名学者李逆熵的一篇重要论文《论软科幻与硬科幻》,为科幻创作者指引了努力的目标,值得所有创作者思考再三。他提到:"要创造硬软科幻的高峰,在上面插上旗帜,已经越来越难,但科幻高峰上仍有许多空白的地方可以开拓。"

你注意看,科幻小说的核心,有的是指涉科幻的可能,有的是借着科幻元素探索人文层面,比较高明的是两者交融。用这样的标准来看刘慈欣的《三体》,就会了解作品受到欢迎的理由。我的《银河迷航记》也兼具科技与人文的探索。

问:您特别推崇的科幻作家有哪些?

答:在中国,刘慈欣、王晋康、韩松、郝景芳都达到了令人相当崇敬的高度,值得称许。

已经被人熟知的克拉克(Arthur C.Clark)、迪克(Philip K.Dick)、阿西莫夫(Isaac Asimov)都是我崇拜的科幻作家。另外,非小说的理论物理大师戴森(Freeman

J.Dyson)、霍金(Stephen W.Hawking)、戴维斯(Paul Davies)，美国著名的加莱道雄，都提供了很多最新的科幻、科普概念，我们可以从相关的科普著作中汲取营养。台湾的叶李华博士在学术和创作的推广上，与北京的吴岩教授两岸遥相呼应，各展所长，带给中国科幻领域很多养分。

中国一定会产生伟大的科幻小说

问：您能预测一下科幻创作今后的发展趋势吗？

答：科幻小说比较小众，和热门科幻片的大众化不能相提并论。刘慈欣前一阵在一次谈话中说到"科幻小说难觅出路"，值得注意。目前大陆正在掀起一波新浪潮，寄望科幻片能够再创高峰。

其实科幻小说在走下坡路，十几年前我就感觉到了。新创意的点子难找，好科幻可遇不可求。2003年，台湾交通大学科幻研究中心举办科幻学术会议，我在提交的论文《科幻小说往何处去》就表达了这样的大意：从科幻史来看，科幻园地早已被美国人耕耘得寸土不留，科幻创意渐渐枯竭，声光幻影的形式作品占据视野，奇幻文学扩大，纯科幻受压挤萎缩难以伸展；期待中国在二十一世纪中叶成为超强经济体，华文科幻发展为主流，科学与科幻同为世界瞩目。

2006年，北京的吴岩、刘秀娟、韩松三位学者对谈科幻的未来，认为科幻已经基本走完了自己的旅程，未来将变成历史，科幻的衰微是全球化的过程。随后刘慈欣的作品撑起一片天，给中国带来一阵科幻热。

科幻的理念已渗透到美国文化的各个层面，美国科幻也许还没有到衰落的地步，但写作者心中最清楚，文化偏爱已转向非文字阅读的影像媒体，影像科幻占尽了优势，包括电影、电视、动漫、电玩游戏，视觉文本造成对文字科幻文本的排挤绝对是事实。另一方面，泛科幻，科幻元素在文本上的使用扩大，展现在浪漫、恐怖、冒险、侦探小说或主流文学掺杂了科幻元素，成为文字科幻继续繁衍的科幻品种，却与"原科幻"的样貌内涵迥异。科幻版图是扩大了，科幻原味却稀少了。

比较乐观的情况是郑军的说法：中国将成为世界科幻的下一个中心，"到我孙子上大学时，大学生数量将超过美国总人口数"。这么大的一个知识群体，科幻文学将是最被需要的。《科幻世界》月刊副总编姚海军曾经引用日本学者的观点："有《西游记》的中国一定会产生伟大的科幻小说。"从阅读观点来说，《西游记》是大人的小说，也是孩子的小说，是老少咸宜的小说，科幻追求的目标应该就是——经典。

科幻小说建立在"假如……"基础上

问：对于少儿学习写作科幻作品，您有什么建议吗？

答：科幻小说最常使用的写作模式是建立在"假

如……"基础上的。科幻小说是一种"合理的（超现实）想象的小说"或是"看似合理的（超现实）想象的小说"。

假如我家来了一只会讲话的猴子，跟我做朋友……以后发生什么事，去发挥想象吧；

假如我家的狗被动了手术，突然会讲话，也有了高智能……以后怎么样呢？也许会带领流浪狗向人类抗议？

假如我被改造成了有翅膀的人，可以飞上天空啦，可别被飞机撞到……

假如一百年、一千年、一万年、百万年后的世界……衣食住行和娱乐变成怎样的情况？天马行空去想象，但要想得有道理。

假如是我与机器人的故事，应先想好"人称"，就是说故事的人是谁。他跟故事有什么关系？写的人是你自己的话，文章就要用"我"开头，就当作发生在你自己身上的故事去写，这叫作"第一人称"。这是最亲切的方式，最容易感动人，最有真实感。

故事要有对话，故事要有转折，才会生动。

什么人物：我与机器人。

什么时间：未来的世界或现代均可，有办法的，还可以回到过去……

什么地点：我家、学校、路上……或是崇山峻岭、海底、宇宙飞船、外星世界……

你必须在开头的几行文字里，让读者知道主角是"我与机器人",故事发生在"我家",至于现在或未来,不必特别注明时间,读者自然可以体会。

想想机器人来到家里,陪"我"玩,陪"我"做功课,有一天他发生故障了,"我"打电话到机器人公司,他们说"维修人员马上就来"。一会儿来了一个机器人,"我"以为他是来代替故障机器人的,却不是那么回事,原来他是个修理机器人的机器人……

你想到会发生什么有趣的事,赶快抓住灵感写下,一旦写了第一行,就会有写第二行的能力。你一定要给自己信心,就当是"ET外星人"赐给了你能力。你眼前看到一个ET,他用他的手指头接触你的手,点燃你的灵感,你有能力往前冲,从第一行一直往下写,心里想着:机器人来到家里,跟我玩在一起,好好玩,我还跟机器人说笑话……

问:请您给少年读者推荐科幻作品,中外各一部。

《莱博维兹的赞歌》(*A Canticlef or Leibowitz*)是美国作家小沃尔特·M.米勒于1959年出版的小说,也是他创作了无数科幻短篇小说之后的唯一一部长篇小说,获得1961年的雨果奖。描述在世界经历毁灭后,一群天主教僧侣无意中发现了电路板,从中读取数据,在末日后致力于保存人类知识的故事,充满启示录的气氛。

王晋康的《母亲》,讲外星人在另一个"地球"培育了十万地球人，发展出极度尚武文明。这些地球人入侵地球，要消灭所有地球人和哺乳动物，有一位女科学家逃出并幸存。她被俘之后，帮助入侵者补习地球的文明课程，使外星人成为新的地球人，他们的入侵也成为"原罪"。这本书在科技背景中焕发着人文精神，给予读者深沉的感动。

（2018年3月访谈）

八 路

军营法则,阳刚品质

八路,本名张福远,河北廊坊人,儿童文学作家。曾服役于陆军某部,上校军衔,军事学学士,教育学硕士。以"学会生存"的理念进行创作,将知识、技能、品质三大要素融入作品之中。曾多次获军队科技进步二、三等奖,作品《烈火兵王》曾入选十三五重点选题,作品有《特种兵学校》《海军陆战队》《少年特战队》《铁血战鹰队》等系列,总发行量超过六百余万册。

用外号做笔名

问:"八路",一看就知道是个笔名。起这样一个笔名有什么由头吗?

答:"八路"这个笔名的来历还真有一段故事,它是我的外号。一个没有外号的童年是不完整的。至于我为什么会有这样一个外号,是因为上小学的时候,我们经常玩打鬼子的游戏,当然谁都不想当鬼子,于是就通过手心手背的方式来决定，而我总是能幸运地成为"八路"。于是，从那个时候起我就有了八路的外号。给孩子写故事，自然想到自己的童年，就用外号做了笔名。

三十条"军营法则"

问：曾经看到您的退役感言，被字里行间的真挚情感打动。能给我们简单介绍一下您的军旅生涯吗？

答：我是1997年高中毕业后考上军校的，为什么报考军校跟那个时代的背景有很大的关系。1997年有两件事情对我产生了重大的影响：一是那年播放了一部军校题材的电视剧——《红十字方队》，讲的是军医大学的故事，我被这部剧深深地吸引，萌发了报考军校的念头；二是1997年7月1日香港回归，还有几天就要高考了，但学校还是组织我们集体收看了回归直播。当我看到驻港部队手持95式突击步枪乘车驶入香港，英国的国旗降下，五星红旗冉冉升起，瞬间热血澎湃，想成为解放军的一员，于是毅然决定报考军校。

就这样，那年我考入了军校。军校四年几乎是封闭的，每天被训练和学习填得满满的，这会使一个人从体格到精神都变得强健起来。军校毕业后，我非常幸运地留校任教，成为一名战术教官，后来又到福建和广西的基层部队工作过两年。我是战术教官，简单地说就是教怎么打仗的，所以我教的课几乎不在教室里上，要么在训练场，要

三十人行
给孩子的人文访谈录

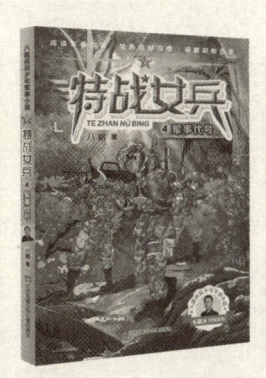

八 路 军营法则，阳刚品质

么在荒野郊外。我们每年都要带领学员在戈壁滩进行驻训和演习，住的是帐篷，吃饭的时候一阵风刮来饭菜里都是沙子，通宵训练的时候人会更加疲惫，但非常充实，因为我们认为军人的生活就该这样。现在，从军二十二年的我正式退役了，主要是因为我的伤病比较严重，发作的时间也不固定，不能再承担高负荷的工作了，特别是不能带领学员到野外训练了。

问：军旅生涯中，您遇到的最具挑战性的事情是什么？

答：军旅生涯中我遇到的挑战很多，一些自己以前不敢做的事情在军营里都必须去做，比如，我有严重的恐高症，可是在这里经常要进行高空训练，不管我怕不怕，都要硬着头皮上。而当我克服内心的恐惧，经历过一次后会发现不过如此。又比如，我们上军校的时候进行野外生存训练，没有水和食物，要在荒野中生存下来绝对是一种挑战。那种饿到极限，渴到极限的感觉我一辈子也忘不了。所以最具挑战性的不是一件事情，而是那种坚持不下去却还要坚持的感觉，如今这种感觉很难找到了。当一个人经历过那种感觉后，似乎很难再遇到让自己坚持不下去的事情了。

问：军旅生涯对您最大的影响是什么？

答：军旅生涯对我影响最大的不是在部队学会了多少东西，因为这些东西回到地方往往是没有用处的。军旅生涯对我最大的影响是使我养成了一些好的习惯，形成了一些好的品质。比如不找借口、尊重规则、永不放弃、坚强忍耐、崇尚荣誉等。我把这些称之为"军营法则"。最近我已经梳理出三十条军营法则，我认为这些对少年儿童的成长都有帮助。

为了孩子，开始写作少年军事小说

问：是什么原因促使您开始少年军事小说创作的？

答：创作少年军事小说属于无心插柳，主要是因为我儿子的阅读从漫画书到文字书过渡的时候出现了一些障碍。我给他买了好多文字书，他都不喜欢看。阅读绝对是要尊重兴趣的，否则孩子就可能开始讨厌书，不喜欢阅读了。于是，我决定给他写一本书。我对军事最熟悉，所以就写了第一本少年军事小说。在那本书里，他是主人公，我是他的教官。就这样，我用代入感使他爱上了阅读。这本书被转业到出版社的一个战友看到了，他认为题材很好，拿去报选题，结果就出版了。

这里有句题外话，我是理工科出身，大学学的是导弹专业，写作并不是我的强项，所以最初的动力完全来源于给自己的孩子写故事。当然，我要感谢大学的经历，因为军校是封闭的，我的大学没有在网吧中浪费过一点儿时间，业余时间都是在阅读中度过的，正是因为那段时间的大量阅读，才使我敢于尝试给孩子写故事。

问：因为自己的孩子而成为一位儿童文学作家，文学史上这样的佳话不少，如今又多了一例。那么，作品中的故事都来源于您所了解的部队的真实生活吗？

答：每位作家的作品多多少少都有自己的影子，都会书写自己的经历，我也不例外。军营是我最熟悉的地方，书中的故事很多都是根据真实的经历创作的，而且书中的人物大多有原型。我除了把自己写进故事，还把我的战友写进了故事里。比如，《少年特战队》中张小福的原型人物就是我，其他人物的原型是我军校的同学，就连那条叫"钢牙"的军犬都是根据真实存在的军犬塑造的。更有意思的是，我还把很多小读者也陆续写进了故事里。我会事先了解他们的优点和缺点，以及他们想成为什么样的人。在故事里，我会让他们通过努力克服自己的缺点，成为自己的英雄。当然了，有些故事虚构的成分也比较浓，加入了一些科幻色彩。

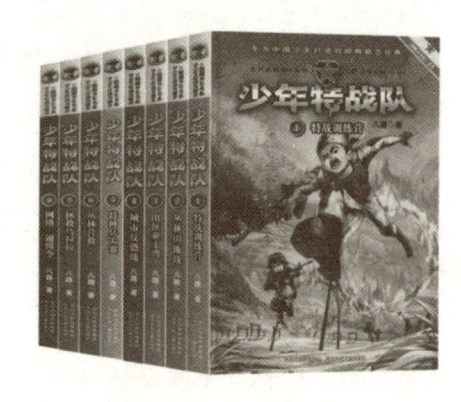

八路《少年特战队》

问：少年军事小说，除了最显见的题材特殊性，您认为还有什么特点？

答：少年军事小说除了鲜明的军事特色，其实还有很多其他题材不能表现的元素。

首先，军事题材很容易把大时代的背景融入进去，比如我最近写的一本中国维和部队到非洲维和的书，将政治、经济和文化等很多元素融入到了故事中。我们细心观察会发现，国内的儿童文学主要集中于校园、家庭、乡村、城市等场景和题材，儿童通过阅读所打开的视野也就相对狭窄，而军事题材具有大视野的先天优势。

其次，少年军事文学中还融入了大量的困境求生技能。这是因为军人在作战和训练的时候常常要面对困境，所以困境求生的技能便能自然而然地融入到故事中了。

最后，少年军事文学的励志色彩浓郁。在写作时，我把前面提到的那三十条法则融入到故事中，而主人公经历训练场的磨炼和战场的洗礼不断强大的过程，本身就在向读者传达积极向上的阳刚品质。

问：请给孩子们推荐一本书。

答：如果要推荐一本书的话，我想推荐英国足坛明星弗兰克·兰帕德的《球衣8号》。这些年我除了创作少年军事小说，还尤为关注体育题材。体育小说在国内几乎找不到，《球衣8号》是引进的。我曾跟很多出版社的编辑聊过体育小说，但他们大多认为国内的体育环境不好，做体育小说靠的只能是情怀，实在不好卖。我认为体育不仅仅是运动,更是一种积极向上的精神和健康的生活方式,这不仅是孩子,也是大人们所欠缺的。

(2018年12月访谈)

附:八路的退役感言(节选)

从军二十余载,也是我军发生历史性变革的关键时期,我作为一名军人见证并参与了这一变革,为强军兴国付出了那么一点点气力,也算无悔了。

从1997年考入军校,自己的人生轨迹就发生了改变。高中时自己是一个爱捣蛋的散漫孩子,头发留得比女孩都长,同学们戏称"你又跑导弹学院捣蛋去了"。不过,我可以自豪地说,在军校里我没有捣蛋,绝对算得上一个男子汉。训练再苦再累我都没退缩过,腰摔伤了还坚持训练,以至于后来腰椎做了手术,比常人少了一截儿脊椎骨。伤病带来的后遗症很严重,每年都会不定期地发作几次,而发作的时候整个人躺在床上一动都不能动。我没有抱怨过,反而感谢疼痛,是疼痛让我的头脑更清醒,悟到了什么才是最重要的。

军校生活是我一生中最宝贵的经历,让我发生了翻天覆地的变化,像换了一个人,也让我有了一些同甘共苦的战友。没有从军经历的人永远不能理解战友之间的情感,每每想到他们的时候,我的脑海里都是大家在训练场摸爬滚打的画面。毕业后，我们像满天的星火被分配到全国各地的部队，虽很难再见面但我心里总在惦记着他们过得怎么样。

我毕业留校当了一名战术教官，继承了"红箭"的衣钵，和"红箭"打了二十多年的交道。"红箭"是什么？"红箭"是我军的三大导弹系列之一，"红箭"更是一种精神。我记得很多人嘲笑我们说："你们搞导弹的还不如卖茶叶蛋的，工资太低！"的确，我们的工资不高，甚至比较低，以至于很多人不得不在现实面前低下了头，早早地就选择了离开，而离开后的收入往往是在部队时的好几倍。但"红箭"精神是不能用金钱来衡量的，"红箭"系列能发展到现在是一批又一批人，数十年如一日默默付出的结果，而这种精神才是最重要的。

每次去部队调研，看到全军的"红箭"导弹人才都是我们培养的，我们就感到骄傲，感到自己为国家做了那么一点点事情。每次来到部队，听到一些已经叫不出名字的战士或军官喊我"教员"，我也会小小地激动。虽然他们已经毕业，已经是部队的栋梁，但他们还会像在学校时那样向我请教战法，我会感觉到只要他们在，我们的军队就有希望，我们的人民就有保障。

如今，我也离开了。不是军营抛弃了我，也不是我抛弃了军营，而是强军踏上了新的征程。一朝是"红箭"人，永远是"红箭"人，我的血管里流淌的永远是迷彩色的血。

邹凡凡

相信世界与人的良善

邹凡凡,旅法作家、学者。先后毕业于南京外国语学校、北京外国语大学、巴黎私立高等应用商业学校,在巴黎索邦大学获得博士学位。著有少年冒险小说"秘密三部曲",获江苏省优秀科普作品奖、冰心儿童图书奖的历史科普系列"写给孩子的名人传",另有"旅行列车"系列及译著若干。

真正的作家是能经受时间考验的

问:您小时候喜欢写作吗?从什么时候起,您认为自己是个作家了?

答:我小时候没有特别喜欢写作,远没有像喜欢吃和玩那样喜欢。我只写老师布置的作业,日记之类一概没有——虽然觉得用漂亮的本子记日记是一种很有艺术感的行为,也尝试过数次,但从来没能坚持超过一周。与此同时,对于课堂命题作文或者考场作文,我却也不会感到抗拒,并且总是能得高分。很庆幸的是,小学高年级和中学都遇到了不限题材、字数，让我们可以随心所欲自由写作的语文老师。小学叫周记，中学叫随笔，都是每周一交。后来在中学时，我在杂志上发表的第一篇作品，根本就是随笔本里一篇原汁原味的、虚构的短故事，先被语文老师拿到校刊上刊登，随后被杂志编辑选中发表。

其实我到现在也没有认为自己是作家，只是几本书的作者，离我心目中真正的作家还有相当一段距离。希望在不远的将来能够回答这个问题。

问：那您心目中真正的作家是怎样的？

答：我觉得真正的作家是能经受时间考验的。比如随便一个科学工作者并不是科学家，但伽利略、牛顿、爱因斯坦、香农等却在时间的河流中沉淀下来。同理，儒勒·凡尔纳小说中的大部分预言已经变成现实，但这不影响他作品的可读性，因为人类总有种代代延续的精神不会过时。

问：您小时候喜欢哪些作家？现在呢？

答：说说我小时候喜欢的作品吧。小学时代我超爱的书籍有《绿山墙的安妮》《小妇人》、儒勒·凡尔纳全集、安徒生童话，稍大些喜欢看《红楼梦》前八十回，张爱玲、古龙和金庸全集，也看过几乎每一本琼瑶、席娟和亦舒的作品。南京市琅琊路小学有位优秀的语文老师，在我十五六岁

给孩子的人文传统读本

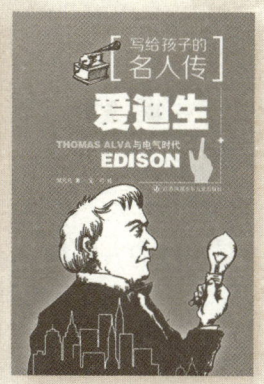

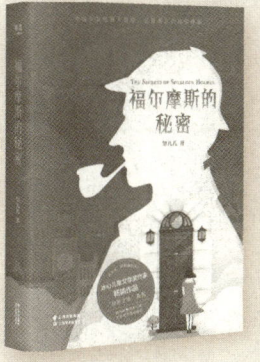

邹凡凡　相信世界与人的良善

时，和我一起参加夏令营去武夷山，住一个房间。晚上，她就开始绘声绘色口述全本席娟小说，简直是个天才！高中时到同桌家玩，我们会钻在书桌底下看亦舒——为什么要钻呢？因为她明面上摆放的都是"正经"书，"不正经"的书藏在书桌下面的柜子里。当然若论"不正经"，从小到大我还看过海量的连环画和漫画。那时，南京山西路有个军人俱乐部，有一排排租漫画的摊子，我们总是骑车去，扑在漫画摊子上，像饥饿的人扑在小馄饨上。

再往后一点儿，则非常喜欢简·奥斯汀和阿加莎·克里斯蒂的作品。在大学宿舍里遇到过好几次熄灯时还剩几页不知道凶手是谁的情况，只好一边发抖一边打着手电把阿加莎·克里斯蒂的作品看完。这个阶段中外流行的小说我读过不少，比如西德尼·谢尔顿的作品。此外，因为念英语专业的缘故，被迫读了不少外国名著的原版，比如莎士比亚、狄更斯的作品，《瓦尔登湖》——读《瓦尔登湖》的途中也就睡着了几百回吧。

现在，我开始觉得没有特别喜欢的作家，只有特别喜欢的作品。文学作品在我的阅读范围中所占比重不大。我看书很杂，社科类、历史类、艺术类、搞笑类都有，还有更多都不知道是什么类别的。我相信开卷有益，在开卷的基础上争取跳出自己的舒适圈，不断深入。

长时间保持少年心性

问：大家都称您"学霸"，您读博士时的方向是工商管理，这些与您的创作有关系吗？

答：学霸不敢当，学习成绩不错而已。我觉得我的头脑还算灵敏，思维比较清晰，在学习上不需要花费太多的力气，这对于创作，尤其是创作我这种带有悬疑、侦破元素的小说来说肯定是有关联、有好处的，否则自己就先被绕晕了。至于读博，在某种意义上和写小说是逆向、矛盾的，论文不需要甚至痛恨哪怕是极细微的想象和编造，每个说法都得有依据、有出处，大到整体构架、小到遣词用句都有严格的规范，可以说是现代的八股文，与文学创作南辕北辙……写博士论文的过程中，我无数次狠狠压制住自己想要天马行空的冲动，老老实实去查数字、搜索参考论文、做田野考察记录数据，有时候我觉得这简直是对我个性的残忍摧残！但另一方面，即便是小说，也有它内在的逻辑性，在细节上也要做到严谨，我可不想写成脑残文！丰沛的想象力与结构、逻辑的严谨是不悖的，而读博士的学术研究过程显然增进了我的逻辑性与严谨性。此外还有一个好处，就是读博士培养了我对海量资料的检索和吸收能力，在这个信息过剩的时代，这可太重要了。每当写作卡壳时，我总是对自己说："三百页枯燥到吐血的博士论文都写完了，还有什么是写不下去的呢？"

问：长年旅居海外，对您的创作有影响吗？

答：我大学一毕业就来到欧洲，如今已经十来年，也就是说在国内时一直是学生，整个成家立业的过程都是在国外完成的。国外各方面的环境可以说比较单纯，这对性格是有影响的，可能距离世故、圆滑会比较远，我能比较长时间地保持所谓的少年心性。而性格是一定会投射到创作中的，所以我的作品始终有热血、有侠情、有拯救世界的理想。哪怕不那么切合实际，我依然相信世界与人的良善。再就创作本身而言，比较显而易见的是题材上的影响，比如"秘密三部曲"是三个分别发生在法国、英国和意大利的故事；"写给孩子的名人传"系列，人物选择特别广；最近的"奇域"系列写的是中国故事，但也会放到整个人类文明的进程中来讲。此外还有一些影响可能不那么明显，比如语言上的、眼界上的，甚至作品的世界观、价值观、人生观上的影响——这么多年来的切身感受，所谓不同的国家和民族，虽有文化上的差异，但终究都是人类，重要的是去了解，而不是贴标签。我作品中的中国孩子，拥有真

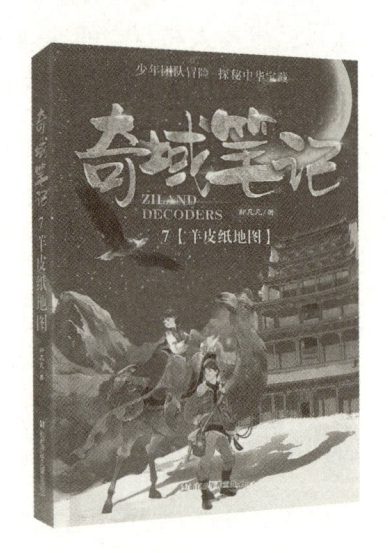

邹凡凡《奇域笔记：羊皮纸地图》

正的自信，所以才可以在整个世界的舞台上，行走如风，完全平等地交流，熠熠闪光地展现自己的智慧与魅力。

阅读、思辨、审美

问：您的孩子在法国读小学了吧？从家长的角度，您对法国的学校教育印象最深的是什么？

答：比起中国，法国小学的学习轻松极了。每个班级只有一位老师，除音乐、体育之外，所有科目（语文、数学、英语、科学）都由这位老师来教，这就意味着所有科目都不会太深入。家庭作业少到令我惊慌失措的地步，很少出现不能在半个小时内全部完成的情况，通常只要十分钟。他们好像不怕输在起跑线上，却怕毁掉孩子的童年。

说实话我并不觉得轻松的童年就是好童年，不过以下三点的确给我留下了深刻的印象，而且是比较正面的印象。

一是他们对于阅读能力的培养。小学低年级其他科目少而浅，重点放在语文上，因为学好语文就可以自行阅读。法国人认为阅读的重要性怎么高估都不过分，语言程度决定思想深度，拥有阅读能力便拥有了终身学习的能力。

二是他们对于思辨能力的培养。大家听说过法国"臭名昭著"的高考作文题吧？其实除了中学阶段广泛阅读哲学思辨类读物外，更基本的教育从小学一二年级就开始了，比如被命名为"哲学作坊"的课堂训练，说起来很简单，老师出论题，让孩子们回答。比如什么是朋友？你觉得伙伴和朋友有什么不同？记得第一题我女儿的答案是"朋友是能分担痛苦的人"，当时我还补充了一句，说我觉得朋友不仅能分担痛苦，也能分享快乐；第二题她回答"朋友比伙伴更有力"。有趣的是每个孩子的答案都不同，论题当然也会随着年龄的增长和阅读量的增加越来越深入。

　　三是无所不在的审美培养。法国之所以成为整个世界美的标杆，与这种培养密不可分。幼儿园老师会组织去罗浮宫找画、做游戏，用废品搭建米罗的雕塑，制作康定斯基风格的贺卡，虽然没有一窝蜂去学钢琴但都会欣赏音乐……我一直记得，小学一年级课本《发现世界的数学》上谈到日与夜的时候，放的两张图是凡·高的《晨光照耀原野》和《星夜》。

法国小学一年级课本《发现世界的数学》中凡·高的画作

问：最后，请给孩子们推荐一本书。

答：我想推荐我小学时代最喜欢的《小妇人》和《绿山墙的安妮》，尤其推荐给女孩子们。安妮和乔是我非常喜爱的女孩子形象。《小妇人》的作者最后不让乔和青梅竹马的劳里结婚，反而把劳里许配给虚伪的老四艾米，又写死了老三贝丝，这个结尾严重伤害了我幼小的心灵，让我知道人生没有完美，作者可以如此狠心。至于《绿山墙的安妮》，我小时候看的是马爱农老师的译本。我从小就看好她哟，结果她果然成为最好的儿童文学译者，翻译了包括《哈利·波特》在内的大批作品。

（2017年9月访谈）

孙玉虎

在故事里掏出一个洞

孙玉虎，1987年生于江苏沭阳，2003年开始发表作品，2017年入选浙江省第五批"新荷计划人才库"，2018年代表浙江出席第八次全国青年作家创作会议。曾获第十届全国优秀儿童文学奖、《国语日报》牧笛奖首奖、信谊图画书奖佳作奖、青铜葵花图画书奖银葵花奖、香港青年文学奖等。已出版儿童小说集《我中了一枪》、桥梁书《遇见空空如也》《真好吃呀真好吃》、图画书《其实我是一条鱼》《那只打呼噜的狮子》《那条打喷嚏的龙》等。

曾任《儿童文学》小说编辑七年，现居杭州。

两篇作品都跟密闭空间有关

问：首先祝贺您，两个短篇都得到了大家的好评，《上上下下》获得了江苏《少年文艺》年度最佳作品奖，《遇见空空如也》更是好评多多，获得了2015年台湾《国语日报》牧笛奖首奖，我看到林世仁先生甚至称它"就像是童话里的卡夫卡作品"。从这个角度说，2015年是您的丰收年。能简单说说这两篇作品吗？

答：从本质上来说，这两篇都跟密闭空间有关。

池莉有一篇小说，讲的是一个作家和一个小男孩被困在电梯里的故事。我感叹，这真是一个好故事的壳啊，看似没有出路，其实蕴藏了无限生机。直到有一天，给我送外卖的快递小哥被困在电梯里，我才开始动手写属于我自己的故事，这就是《上上下下》。它不仅让我找到了一种自己写起来很舒服的童话的表达方式，还让我更加深刻地理解了童话的逻辑。比如电梯只能通过电梯的方式来证明自己是电梯，那就是让乘客说楼层，然后电梯按照乘客的要求把他送到那一层。童话的逻辑要格外尊重物性，就像蜘蛛夏洛只能通过织网的方式来救小猪威尔伯，而不是通过魔法变出翅膀来带小猪一起远走高飞。

《遇见空空如也》是货真价实的关于密闭空间的故事。我向来对密闭空间很感兴趣：一个房间，十二个男人，拍出了《十二怒汉》；一个房间，一男一女，拍出了《危情十日》；一艘船，两男一女，拍出了《水中刀》；一口棺材，一个男人，拍出了《活埋》。我当时想法很简单，就是想看看把"我"丢到一座空房子里会发生什么事。当故事中的我瞬间进入那座空房子时，我的窒息感就开始逐渐加强了，写到后来我胸闷，呼吸急促，找不到出口。如果后来我没有找到那个故事的结尾，那个灵光乍现

北极村童话

孙玉虎　在故事里掏出一个洞

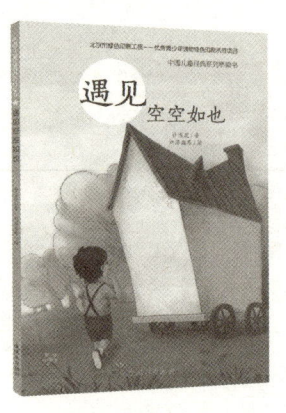

孙玉虎《遇见空空如也》　　孙玉虎《遇见空空如也》

的出口，我简直怀疑我要被我的故事闷死了。但是，上苍眷顾了我，我找到了，我和故事中的我一样，得救了。得救的方式也使得这篇看似一个智力游戏的故事获得了情感的力量，达到了某种哲学的高度。我很喜欢桂文亚老师对它的评价，她说《遇见空空如也》实际上讲的是因爱与智慧得到自由。

一篇稿子写下来已经念过几十遍

问：我发现您写作是把自己真正放进作品里的，写作就是您生命的一个组成部分，很慎重，很用心，所以很慢。

答：我的每一次创作都是调动了我的最大潜能写出来的，有时候写到高潮手都会颤抖。就像你说的，我是把自己真正放进作品里或者说是藏在作品里的。因此，我比较偏爱那种看得见作者的作品。那样的作品就像一个装秘密的盒子，盒子打开给你看了，秘密也说出来了，但秘密依然是秘密。

从2007年第一次正式发表小说起，我每年都会写一到两个，或者两到三个短篇。一开始写的那些真不行，虽然2014年有幸出了一本小说集，但现在我真的不敢再看了，诚惶诚恐。心态就像是做了整容手术的人，恨不得把以前的照片全部销毁。也不是说现在写得有多好了，起码比以前成熟了不少。通常，一篇稿子写下来，已经被我念过几十遍了，我的小说是可以被抑扬顿挫地念出来的，所以我写得很慢。

问：也就是说，您在创作过程中，曾有过自我怀疑和否定，这种感觉从什么时候起有所突破的？

答：从《楼梯上的光》。从反馈来看，能读懂它的人不是很多。发表之后除了小读者和少数几个大人给予了肯定，其他人要么没感觉，要么认为写得不好。在这篇小说之后我就没写过短篇小说，一直在反思和积淀。

我对自己怀疑过很多次，可每次再读一遍《楼梯上的光》，我都觉得还不错。所以，这是我第一篇在公众微信号贴出来的小说。不过我觉得里面肯定还是有问题的。像《上上下下》那种流畅的叙事，看过的读者基本都会给予肯定的反馈。《楼梯上的光》可能还不够流畅。但我依然很自恋地认为，我为那一年的原创儿童小说贡献了一个绝妙的结尾。至今想起来,我都还会为我那篇小说的结尾部分而激动。

问:我读过《楼梯上的光》,阅读时感觉一路的意外,实在是珍贵的"光"。我不知道是否读懂了,但确实喜欢。那个门卫的形象写得有意味。回到第一个话题,后来您去台湾领牧笛奖,有什么可以跟我们分享的吗?

答:我以为《遇见空空如也》很难被人接受,没想到这次去台湾,很多人都说喜欢。现场还让我朗读爸爸出现的那个高潮,有人说鼻子酸酸的。

这次收获很多,出来走走还是能刷新一下大脑的,已经有了不少灵感。台湾的城市建设一般,但那里的人和精神面貌太棒了,还有美景和美食。

此外,这次同行的慈琪和她的先生杨鑫,他们都是中山大学博雅学院的,我从他们身上学到了很多。杨鑫研究的是中国哲学,他用儒家思想帮我厘清了很多写作上的困惑。我以前可能还是凭着自己的趣味在写作,以后我要为儿童、为人类写作。哈,听起来好像很大的样子,其实当你深刻地理解了儿童,这就会是一种切身的发自肺腑的欲求。

杨鑫给我讲那个《狼来了》的故事。我们都知道,当故事里的小孩第三次说狼来了的时候,就没有人相信他了,小孩只好被狼吃了。杨鑫说,如果你真正爱儿童,就不会那样写。想想看,如果那个孩子是你的孩子,当他第三次说狼来了,你会不会救?大人依然会跑去救他,因为他对那个孩子是怀有爱的。狼听到大人的脚步声被吓跑了,大人以为小孩又撒谎了,但即便如此,他依然不会放弃这个孩子。这时,小孩就会有一种深深的委屈和愧疚,当然,他更能感受到大人对他深切的爱。这才是好的儿童文学要给人的力量。

受迟子建影响最大

问:看得出,您的阅读面很广。华语作家中,您喜欢谁?

答:喜欢的太多了,但对我影响最大的是迟子建。有一次无聊地统计了一下,光她的五十部中篇,我就看过四十一部。迟子建的早期作品有一种童话气质,她写过很多以儿童为主角的小说,《北极村童话》《雾月牛栏》《清水洗尘》《花瓣饭》,太多了。也可以说是人以群分,我就是喜欢那样气质的小说。

有一阵一口气读了很多木心的书。那大概是2012年的事,那时木心还没有现在这样火。我最喜欢他的小说集《温莎墓园日记》。有些人的作品是要散文配着小说看,比如王小波;有些人的则是要小说配着散文看,比如木心。一旦颠倒了主次,可能印象就大不相同了。说起来,木心难道不是QQ签名的始祖吗?哈哈。有一本书全是短句,叫《素履之往》。我那时候很矫情,也谈不上多喜欢木心，但因为我喜欢的那个人喜欢木心，我就想看看木心都写了啥。所以读书有时候不仅仅是读书，它会和某些人、某些场景、某些事关联在一起。

问：前辈儿童文学作家对您的影响大吗？

答：我从小就是看着中国原创儿童文学长大的，先是期刊，然后是图书。可以说，阅读他们的作品直接决定了我的阅读基因。所以，我虽然知道中国儿童文学跟世界一流的儿童文学有差距，但我从来不觉得像有些人说的，中国儿童文学差到不能看了。这里面有太多闪光点了。就近说一下2015年刚出了散文集《绿光芒》的梅子涵老师吧。用一句话来形容梅老师，就是"繁华落尽见真纯"。他二十世纪八九十年代在《儿童文学》发表的那些短篇小说是先锋小说那一路的，很注重形式和技巧，像《我们没有表》《蓝鸟》《双人茶座》等，不是一下能看懂的。自从写了《女儿的故事》《我的故事讲给你听》后，他的小说、散文一下就变得很清澈、很朴素了，就是回到故事本身了。后来我看到他对一些作家作品的点评，真的很佩服他。

你怎样认识儿童，你的笔就会通往哪里

问：《儿童文学》是国内儿童文学领域的名刊，您曾是《儿童文学》的小说编辑，这个身份对您的创作有影响吗？

答：编辑嘛，都是在垃圾堆里挑出零星的好作品。所以有人说看多了烂稿，会降低自己的审美。我恰恰相反，我的创作反而是在我做了编辑之后逐渐成熟起来的。我的编辑哲学直接影响了我的创作观，之前我写小说只考虑如何表达自己的内心，现在我会思考如何在我的故事里掏出一个洞来，透过这小小的洞，我要努力让我心里的幽暗和微光投射到读者那里。

问：作为一名编辑，您与许多作家直接接触，与上一辈作家相比，您对年轻的90后作家有怎样的印象？

答：用代际的划分看待文学似乎并不明智，但每一代人的确有每一代人的经验和趣味，不管是90后还是60后，能否为文学注入新的活力是他们都要思考的命题。跳出文学本身，从人类学角度看，故事不是构思出来的，你怎样认识、理解儿童，你的笔就会通往哪里。所以，故事在关键的节点上多数时候要看作家如何选择。前面已经说过，作家的最高使命是为儿童、为人类写作。别说90后、80后，作家里面发自肺腑愿为儿童写作的人都太少了。

问：因为读者群的原因，儿童文学的创作有一个永恒的话题，即文学性和可读性的关系。作为编辑，您如何看待？

答：儿童文学领域有一条几乎被公认的选稿法则，即文学性和可读性兼具。我自己是写小说的，会很看重小说的语言，只要语言好，就算它没有一个精彩的故事，我也能津津有味地读下去。相反，如果语言不好，我可能看了开头就不想看了。但做了编辑之后，看到一篇语言很好但是故事一般的作品，我就会不由自主地问一句："小读者会喜欢吗？"因为很多时候，小读者投票选出来的第一名，往往是讲了一个好故事或者是非常贴近他们生活的作品。但这时候，人们又会担心这些人气作品的文学性不够高。

我退稿的时候常常扮演的是犀利哥的角色。我大致想了一下，六年来我碰到过跟我意见不合、一来一去有过几封探讨邮件的来稿者，大概有四个。其中有两个都是因为可读性不太高被我退稿的。这两个都是女作者，一个很年轻，是个研究生；一个稍微年长一点儿，之前是写成人文学的。年轻的女孩对我说，她小说的重点并不是情节，而是时光中那些成长的片段。而年长的那位怎么也想不明白，既然我肯定了她的语言出色，为什么又说她的小说可读性不好呢？

这就是"小读者会喜欢吗？"这条魔咒对编辑判断产生的影响。年长的作者反问："你怎么就知道小读者不会喜欢呢？"我觉得她质疑得很好，甚至听起来很有力，但是我心平气和地告诉她：第一，经验，经验告诉我，语言好但是叙事凝滞的作品，不会受小读者的欢迎，至少不会受大多数小读者的欢迎；第二，我虽然不是小读者，但我曾经是小读者，我曾经也是一个孩子，而且我依然葆有一颗童心，我不是靠猜测做出的判断，我是靠自己的第一阅读感受做出的判断。

这听起来挺矛盾的，第一个理由其实是一种公式，而且是隐藏着被推翻的危险的公式，毕竟没有人用科学的方法证明过它完全成立。而第二个理由，又实在是主观的，感受一错位，就是带着个人喜好去评判来稿。所以，儿童文学的文学性和可读性的角力是编辑部会议中永恒的话题，而讨论的结果常常是编辑要努力在中间找一个平衡点。那两个女作者都推崇散文化小说的写作风格，其实说白了还是写得不够好，君不见二十世纪八十年代陈丹燕那些淡淡的成长小说，同样是散文化叙事，但在少年读者尤其是少女读者中大受欢迎。谁要是能写到陈丹燕《上锁的抽屉》那个水平，什么可读性、文学性，都一边儿去，我二话不说就给你发表了。

阅读还是自然一点儿好

问：我发现您还是个网络达人，以前做过一个百度贴吧吧主，现在做杂志的公众微信平台，都很有创意。刚传出曹文轩老师进入2016国际安徒生奖短名单的消息，您立马就推送了一篇分析他获奖胜算有多大的文章，除少部分八卦外，有理有据，让人佩服。写那个花了多长时间？

答：花了三小时吧。我写公众号的文章肯定得有感而发，写起来就像有一种力量在推着你前进。花在排版上的时间反而多一点儿，因为要截图、上传、调整字号、设置投票、预览等。我以前研究过安徒生奖的得奖名单，好多作品顺着找来看过。其实，日本至今才两个人得过安徒生奖。第一个是窗满雄，写诗的。第二个就是2014年获奖的上桥菜穗子。

我现在使用的网名就是我当年在百度贴吧注册的名字——四十四次日落，源自《小王子》。十二年来从未变过。我曾经把"少年文艺吧"带到了百度贴吧文学期刊类第一名，超过了当时的"最小说吧"。被你一提醒，去"少年文艺吧"逛了逛，当年的我真是鸡血满满，又年少轻狂。

问：谈谈您的童年阅读吧。

答：我说说自己第一次读长篇小说的感觉吧，毕竟第一次总是很难忘的嘛。那本书叫《山猴子》，大概是我小学三年级的时候在家里翻出的一本书。当时大人视三样东西为洪水猛兽：足球、小说、游戏机。很长一段时间里，小说在我小小的脑袋里就是个坏东西，要坚决和它划清界限。所以当我无意中读到了《山猴子》的时候，我的心情是复杂的，因为我知道这就是大人所说的坏东西——小说。可是那正好是一本儿童小说，对当时的我来说简直太好看了，我根本舍不得放弃它，于是我每天只看一点点，然后把它藏在电视柜下面的抽屉里。很多年以后，我在旧书网上又把它买了回来，是明天出版社出的，作者宗介华。但我至今没有重温过那本书，因为我知道，回忆中的事物总会带着梦幻的光泽。

现在有太多有关阅读的刻意为之的事情。我觉得阅读还是自然一点儿好，缘分就在那里，书就在那里。没有哪本书非读不可，也没有哪本书能让人进化成天使或堕落成魔鬼。

问：《其实我是一条鱼》获得全国优秀儿童文学奖，引起很多关注。对于这部作品，同当初创作时相比，您现在有了哪些新想法？

答：本来我觉得这个故事没什么可再阐释的了，我自己都审美疲劳了，但是一次直播之后，我又从孩子的身上得到很多启发。

第一点，我觉得悲伤、难过也是一种审美体验，也是人生的组成部分，我们不用去强调，也不用去回避。

孙玉虎《其实我是一条鱼》

第二点，关于故事的结尾，很多孩子会问叶子到底有没有实现梦想。有个孩子说得特别好，他说，连最爱吃鱼的猫都觉得他是鱼，那么他就是实现梦想了。

这个孩子还有两句话也说得特别好——

第一句是：如果你的梦想实现不了，那么帮助别人实现梦想也很不错。第二句是：有梦的人才能更理解有梦的人。

这些话真的刷新了我对自己这个作品的认识。

最后,我要补充的是,这是图画书故事。新版本里,虽然文字结束了,但封底画了一条鱼在鱼缸里的场景。其实,这个看起来像鱼的东西是树叶。画面暗示这是一个温暖的结局。至于说叶子为什么在鱼缸里,你可以理解成他变成了鱼,还可以理解成他下辈子是一条鱼,都可以。

问:最后,请给孩子们推荐一本书。

答:我手边有一本美国作家洛伊丝·劳里的《数星星》,就推荐它吧。这本书是中篇的体量,通过一个小女孩的眼睛讲述了"二战"时期德国占领丹麦的那段历史。同样是写战争,洛伊丝·劳里的切入点很小,故事环环相扣,那么轻盈,又那么厚重。

(2016年1月访谈,2018年6月补访)

范锡林

童年生活是一口井

范锡林，1950年生于江苏无锡，中国作家协会会员。出版中短篇小说集《避邪铜钱》《秘道》《小巷三杰》《鱼肠剑之谜》《分身奇妙功》、长篇小说《金爪小神鹰》、长篇童话《灶王爷和他的朋友们》《我有奇功我怕谁》等六十多本。曾获陈伯吹儿童文学奖、江苏省五个一工程奖、《儿童文学》金近奖等五十多种奖项。近年来主要致力于少年传奇小说和武侠童话的创作，被誉为"武侠童话的领军人物"。散文《竹节人》2018年被教育部审订编入全国五四年制六年级语文课本，2019年又被教育部审订编入全国统编六年级语文课本。

兴之所致写《竹节人》

问：您的散文《竹节人》被选入全国统编六年级语文课本上册。这篇作品写于什么时候？能简单介绍一下当时的写作情况吗？

答：《竹节人》这篇文章是我在二十世纪八十年代写

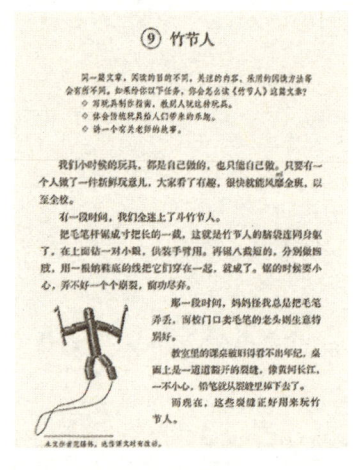

全国统编教材中的《竹节人》　　范锡林《竹节人》

的《童年趣事》系列中的一则,最初发表在北京《东方少年》杂志上。那时我才三十多岁,在江苏省靖江中学当语文老师,整天与学生们在一起,看到他们的活泼天真,不由得回想起我像他们那么大时的许多趣事和童年时陪伴我的那些亲人,于是写下了这么几组散文。

《竹节人》发表之后,被多家报刊转载,包括日本、新加坡,以及台湾、香港的刊物,并先后被选入一些省市的语文课外阅读读本。2018年被教育部审订编入全国五四年制六年级语文课本,2019年又被教育部审订编入全国统编六年级语文课本。

说实话,当时我写这篇文章纯粹是兴之所致,一气呵成,只是觉得写得很有情趣,写得非常顺畅,完全没想到时隔几十年后，竟会进入孩子们的语文课本中。得知这一消息，我确实非常惊喜，也非常感激。这得好好感谢教材编写组的编辑老师们，是他们给了我这样的荣誉。

观察要用显微镜和望远镜

问：《竹节人》描写细致，趣味十足，同学们都很喜欢，不少同学还按照文中的描述，自己制作了竹节人。缺少细节，描写笼统，是不少同学习作中的问题，对此，您有什么建议？

答：文章的鲜活生动，少不了真实而细致的细节，细节是一篇文章的血和肉。如果缺少生动的细节，文章就会变得干巴巴的，空洞无味。我写文章是很注意细节描写的，故事可以虚构，但细节却越真实越好。要写出真实生动的细节，就要平时注意观察，仔细观察，对身边的人、物、事、景，永远要用一双好奇的眼睛去观察。观察的时候，有时要用显微镜，看得更细微、更深入些，有时要用望远镜，由此及彼，看得更远、更广阔些。

我过去身边都带一个小本本，现在则改为可以用笔写的手机，把在生活中观察到的新鲜的、新奇的、有趣的事物，一花一叶、一点一滴随时记录下来，作为一种积累和贮存，写作的时候则可以信手拈来，成为文章中有血有肉的细节。

同学们想要让自己的作文拥有丰富的细节，我建议，

三十人行
给孩子的人文访谈录

范锡林　童年生活是一口井

一要注意观察,二要注重积累。

问:仅从这篇作品就可以看出,您小时候,动手能力很强,想象力丰富,于是玩得有滋有味。这种童年生活对您后来的文学创作有影响吗?

答:我童年的那个时代,家里有钱给孩子买玩具的很少很少,我们的玩具是也只能是自己动手做。我记得我那时自己做的玩具,除了竹节人之外,还有用钢丝做的皮筋枪,用竹筒做的喷水枪,用纸折的驳壳枪,用润肤霜盒子做的小帆船,还养了一种很有趣的小虫,叫蜱虫。

这确实培养了我的动手能力,也培养了我的想象力。

这一段童年生活,对我来说,确实非常重要、非常宝贵。我曾写过一篇创作谈,题目是《我有一口井》,就是说我的童年生活,好像是我拥有的一口井,源源不断、永不枯竭地为我提供创作的资源。我的作品中有相当数量的童话、小说、散文,写的都是我童年时期玩过的一些游戏、经历的一些趣事、难以忘怀的一些小伙伴。我想,儿童文学作家之所以成为儿童文学作家,往往与他念念不忘的童年生活有着密切的关系。

心中有个英雄梦

问:您的少年武侠小说独树一帜。写作这样的作品,是因为您心中有个英雄梦吗?

答：从二十世纪九十年代开始，我把主要精力放在少年武侠小说及功夫童话的创作上，在我至今已出版的五十多本专集中，有四十多本这样的作品，评论界的评价是："用最中国的元素，叙写少年英雄的侠骨豪情和赤子之心。""想象与故事完美结合，境界与情节相得益彰，可读出万般气象。""健康，是最适合孩子们阅读的武侠故事。"

范锡林《小神侠奇破百锁箱》

写作这些少年武侠小说，塑造少年武侠英雄形象，确实因为我心中有个英雄梦。我理想中的少年英雄是能够主持正义，能够助人为乐，能够铲除邪恶，救人于危难之中，同时也是集善良、智慧、勇敢、忠诚等传统美德于一身的人。

正因为心中有这样的英雄梦，所以，如果小读者能够从我作品中的少年英雄人物身上得到一些做人的启迪，汲取到一些正能量的激励，那就是我最大的欣慰了。

问：儿童文学怎样表现中国文化、民族特色，这是近年大家比较关注的一个话题，对此，您有怎样的体会或建议？

答：我喜欢在我的作品中，竭力涂抹上浓浓的中国味道、民族色彩，渗入优秀的传统道德的精神风范，这是我多年来一直刻意追求的一个方向，也是我完全出于自觉的创作追求。因为我知道，只有这样，我的作品，尤其是我的少年传奇、功夫童话，才会有恒久的生命力，才会有与众不同的独特审美价值。

我的实践证明，凡是在这方面做得好的作品，都是比较成功的，能够得到认同的，而且可以经久不衰。

我会在这条路上继续走下去，争取能走得更好。

问：请给少年读者推荐两本书，中外各一本。
答：我推荐《鲁滨孙漂流记》和《西游记》。

（2019年12月访谈）

黄 荭

崇高又稚气，天真而深刻

黄荭，法语文学译者，南京大学法语系教授，国际杜拉斯学会会员。译有《小王子》《人类的大地》《外面的世界》《然而》《薛定谔之猫》《花事》《猫的私人词典》《冷水中的一点阳光》《星期天》《波伏娃回忆录：岁月的力量》《多拉·布吕代》等作品，著有文集《一种文学生活》《转身，相遇》《闲来翻书》《经过》《杜拉斯的小音乐》。

真实感迅速俘获了我

问：黄老师好，您之前主编过圣艾克絮佩里的作品全集，听说现在正着手一个人独立翻译他的全部作品，您为什么如此喜欢他？

答：是的，我现在正着手独立翻译圣艾克絮佩里的全部作品，希望能在作家诞辰120周年之际出齐。

圣艾克絮佩里

三十人行
给孩子的人文访谈录

圣艾克絮佩里是我一直以来很喜欢的法国飞行员作家,他的文字有一份既崇高又稚气的美,像高山上的空气,干净、纯粹。

圣艾克絮佩里吸引我的地方,并不仅仅是他独特而纯净的文字,更多的或许是他身上所体现出来的对梦想的追求。飞行员在二十世纪初还是一个非常冒险的新职业,需要勇气、激情和很强的责任心,邮航、日后在非洲和美洲开展起来的夜航、民航以及"二战"期间的战斗侦察飞行,无一不是一次次对生命的考验和对自我的挑战。圣艾克絮佩里身上还有一种孩子气和率性,他对友情、对爱情、对人生的认识都存有某种天真和深刻的悖论,或者因为我自己也是个长不大的孩子,所以让我感觉很真实,这种和我发生联系的真实感迅速俘获了我。

印有圣艾克絮佩里和小王子的面额50法郎的纸币

《小王子》简单而隽永

问：《小王子》是圣艾克絮佩里最广为人知的作品，关于它的诞生，您能简单做点介绍吗？

答：《小王子》一书的诞生，流传最广的说法是，"二战"期间圣艾克絮佩里旅居美国，他向来喜欢随手在信纸、菜单、题词、票据、便笺上涂涂画画，画得最多的是一个长着翅膀或没长翅膀的小人儿。1941年某一天，纽约书商欧仁·雷纳尔（Eugene Reynal），也有人说是他的妻子伊丽莎白·雷纳尔（Elisabeth Reynal），在饭店里看到作家在餐巾上画画，就建议他给他的小人儿编一个故事。

而我更愿意相信这个小人儿和《堡垒》一样，在圣艾克絮佩里心中已经酝酿了很久。1940年还在法国南方奥尔孔德"等待一次预报后却迟迟不来的轰炸"期间，他在膝盖上给母亲写信："现在已经经受和经历的危险不足以减轻一种沉重的精神负担。唯一能使我精神饱满的源泉，我觉得就是童年的回忆：是圣诞夜的蜡烛味。这是精神，可是现在精神非常空虚，正受着饥渴的煎熬。"他接着写道，"我本来还可以写，也有时间写，但我不知道还要写什么，因

黄荭译《小王子》

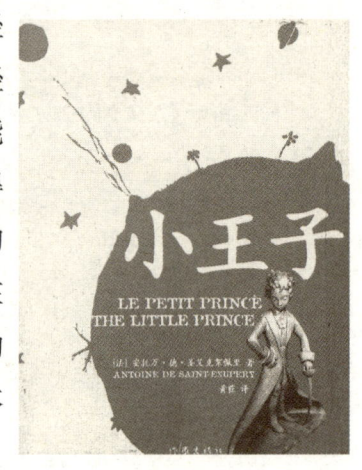

为我的书在我心里还没考虑成熟。这很可能是本'解渴的书'。"

飞行给了他新的视野，还给他带来了深厚的友谊和写作的翅膀，小王子或许就在他给战友写信时，在咖啡馆的信纸、餐巾上涂涂画画的小人儿中慢慢有了日后的形象。最早的雏形出现在1927年他写给亨利·吉尧梅的信里，他画了在写信的自己，他说："离开你们是很痛苦的。"第二幅画让人联想到趁一次野鸟迁徙的机会出走的小王子，只是这时候，小王子还飞不远，因为有绳子把他拴在地上。1933年，他在另一封写给亨利·吉尧梅的信中，画了一幅自画像："我等你等得望眼欲穿：谁也不能把我从沙丘上拽下来，我站在那里眺望地平线。"小王子到地球后为了找人，也曾爬上一座山峰极目远眺，他说："做我的朋友吧，我很孤独……"回答他的只有回音。

1943年《小王子》在美国出版，随后被译成一百五十余种外文和方言，据说全球销量仅次于《圣经》和《资本论》。

问：《小王子》获得全世界大人和孩子的喜爱，您认为其中的原因是什么？

答：《小王子》是童话，是哲理散文，也是作家飞行员隐匿的自传。它没有复杂的故事，强调的是本质浅显的道理，唯其平常，才能让全世界的人接受，也因其平常，这些道理都容易在生活的琐碎里被忽视、被湮灭。周国平在《小

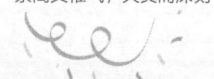

《小王子》剧照，杨成扮飞行员

　　王子》的序中说："当我们在人生沙漠上跋涉时，童年就是藏在某个地方的一口井。由于心中藏着永不枯竭的爱的源泉，最荒凉的沙漠也化作了美丽的风景。"
　　《小王子》的好处在于它简单而隽永，很少有谁可以用那么少的文字说出自己那么多的心事，其实人生就那么简单，简单得让你觉得可怕，读一本书就仿佛看到了路的尽头，你站在紧闭的门前，没有人听到你敲门，或许你只是站在那里，举着手，犹豫着，就这样站了很久……

他是飞翔的天使

问：圣艾克絮佩里说自己首先是飞行员，其次才是作家，您认为飞行对圣艾克絮佩里意味着什么？

答：对圣艾克絮佩里来说，飞行不仅是一份职业，也是一种生活方式，一种存在的必需。在天上，他是飞翔的天使，人和飞机融为一体，他拥有俯瞰大地的视野。圣艾克絮佩里从来都不认为作家是他的职业，从他的文字中，我们可以看到，飞行给他提供了一个认识这个世界的角度，他把所有的体验转化为了文字。可以想象，如果他没有在天空飞翔的体验，是不会有我们现在所看到的他的文字的。他不能做专职作家，他不属于坐在屋子里挖掘内心的人，他不是普鲁斯特式的作家。他的作品让读者觉得很神奇，其实这都是他的亲身经历，是他生活过的、感受到的。读者之所以对他的生平感兴趣，我想是因为那里有作家的原始素材。

显然，圣艾克絮佩里为飞行也付出了代价，当时的飞行危险系数非常高，和现在不一样，现在飞行员只是看着一堆仪表。圣艾克絮佩里在当时是一名从事危险工作的

"手工艺者",不仅开拓了邮航和夜航,还在"二战"期间当了空军飞行员,最后为之付出了生命。

尽管圣艾克絮佩里有时会是一名不太好的飞行员,他会在飞行时发呆,但是,没有一个作家会像圣艾克絮佩里那样,把飞行和写作联系得如此紧密。他的世界是单纯的:飞行、风暴、孤独和征服。征服黑夜,征服恐惧,也征服自己内心的脆弱。

问:圣艾克絮佩里的这种飞行经历对他的写作产生了怎样的影响呢?

答:如果说飞行给圣艾克絮佩里提供的是肉体感性的飞升,那么写作就是诗人灵魂智性的翱翔。早在中学时代,圣艾克絮佩里就迷上了阅读和创作。尤其是当他在巴黎读预科班、准备报考海军军官学院期间,姨妈雷特朗吉夫人介绍他认识了当时文学圈里的几位著名作家。1926年《银舟》杂志发表了圣艾克絮佩里的短篇小说《飞行员》,从此,写作成了他飞行生涯中的最好伙伴:一块木板架在两个汽油桶上,一个小本子,一支笔,他就这样把刚刚经历的飞行和在云上的思索记录下来。之后的《南线邮航》(1928年)、《夜航》(1931年)、1932年—1939年为《玛里亚娜》和《不妥协报》写的系列文章、《人类的大地》(1939年)和《战争飞行员》(1942年)都分别见证了他作为飞行员丰富的人生体验。纪德为《夜航》作序时说圣艾克絮佩里"对自己所叙述的一切都极为熟悉。他个人与危险的经常遭遇,赋予小说一种真实的、难以模仿的特色",并赞扬他的创作为世人揭示了一个不同俗见的真理:"人的幸福不在于自由,而在于承担责任。"

1939年—1944年,圣艾克絮佩里作品的总体特色就是哲学和宗教思考的色彩越来越浓,飞机和飞行的具体经验逐渐走出了他的创作轨迹,他内心的声音像狮子渐渐变成了孩子,回归一种单纯的、诗意的、精神的语言。《小王子》体现了这一转变:飞机成了一个现成的道具,那个从不微笑的流浪的孩子才是作品的中心。初读此书给读者的断裂感是强烈的,它似乎和圣艾克絮佩里的其他作品缺少延续和呼应,而且童话的样式和叙述风格很容易让人以为它是一本写给孩子的书,尤其是书的题词和作者亲手画的近五十幅稚气的插图更加深了这一印象。但细读下来,我们就发现《小王子》其实是一部隐蔽的自传。它有两条情节线索:飞行员作者的故事和小王子的故事。如果说书中飞行员的故事很容易让人联想到作家童年生活的点滴和他1935年年底在利比亚沙漠飞机失事的经历,那小王子的故事就是作家的内心历程,折射出他对世界和人生的种种朴素的认识和感悟:关于爱情、友情、信任、忠诚、幸福、责任⋯⋯

问:您长期研究法国文学,对法国文学十分熟悉,请给

黄荭译《苏菲的烦恼》

孩子们推荐一本法国文学作品。

答：推荐《苏菲的烦恼》。

（2015年10月访谈）

杨 成

戏剧为孩子打开一扇窗

杨成,中国儿童艺术剧院演员、导演,文化部青年联合会委员。毕业于中央戏剧学院,曾赴美国学习戏剧导表演。荣获第九届中国话剧金狮表演奖。曾主演《饼干小子》《马兰花》《年》《梦想乐园》《白雪公主与七个小矮人》等剧,主演《寒冬》《呼噜小精灵》《糊涂小天使》《没问题先生》等影视剧,并曾导演或参与导演儿童剧《成语魔方》《宝船》、童话音乐剧《马兰花》《公主与豌豆》等。还曾担任中央电视台少儿频道《成长在线》《看我72变》《儿童剧场》等执行导演。美国迪士尼公司配音演员;参与多部影视剧、动画片、广播剧录制。

希望一百个孩子演小白兔有一百种不同的样子

问:在您的精心指导下,琅琊路小学的孩子们表演的儿童剧《成语魔方》大获成功。您一定十分高兴吧!

答:《成语魔方》的排练不足八十小时,这是非常惊

三十人行
给孩子的人文访谈录

中国儿童艺术剧院
美国夏洛特大师班
CHINA NATIONAL THEATRE FOR CHILDREN
CHARLOTTE MASTER LESSON

人的。第一场彩排，我就已经心里有谱了。小朋友们的现场发挥比我预料中的还要出色。

问：我从观众的角度，看到舞台上的孩子们非常自信，在表演中获得极大的满足和愉悦，切实感受到了戏剧对儿童发展的意义。给孩子排戏和给成年演员排戏有什么不一样的地方？

杨成指导小演员表演

答：能导好成人剧的未必能导好儿童剧，能导好儿童剧的未必能导好小朋友演的剧。这批小演员是四五年级学生，年龄在十岁左右。这个年龄的孩子似懂非懂，觉得自己是小大人，很有主张，很好奇，很好动，不像专业演员那样沉稳，我指的是状态。我们这个戏，除了表演，舞台上的换景也都是由这些孩子完成的。舞台上黑漆漆的，只给非常微弱的一点儿光，他们要在几秒钟内把道具放到指定的地方，地上只有一点点的荧光地标。小孩子对于这些不是那么容易掌握的。再如合灯光，位置不能偏一米。现在的舞台是十几米的，对于舞台经验不足的孩子来说，刚好要走到定点的灯下，不是那么容易的。怎么用最浅显的语言把戏说明白？我得启发他们。我作为表演教师和导演，希望一百个孩子演小白兔有一百种不同的样子，而并非小白兔只能一个样。可能有的牙长一点，有的眼睛漂亮点，有的特别好动，有的特别温驯，每个个体的个性都是不一样的。用给成人说戏的方式方法给孩子去讲，一定是不行的。一定要让他们了解文学剧本的意思，了解历史背景，让他们更好地把剧本吃透。给孩子排戏是非常有意思的，属于专有领域。

通过戏剧加强对自我的认识，对别人的了解

问：您认为儿童接受戏剧教育有什么意义？

答：我的母校中央戏剧学院艺术教育专业搞了一个全国中小学戏剧教育的研讨会，当时我说了一番话。我们为什么要推广戏剧教育，不只是学表演，也通过这个加强学生对自我的认识，对别人的了解，这样，人与人之间才会有更多的了解、体谅，甚至会有关爱、尊重。戏剧是创作出来的、虚拟的，但是我们要把它当作真实的东西对待，通过那么好的载体，体会到如果我是社会的一个弱者，该怎么样；如果我是一个强者，会给别人带来什么影响。这样，我们才会关心他人，关爱身边的青草、花朵、小动物。戏剧是个大综合的东西，不只有表演，还有文学、音乐、美术、舞蹈和其他。比如美术，假使我们在观众席往台上看，会看到雕塑艺术、服饰艺术，甚至刺绣艺术，还可以了解到中外艺术的不同。就说礼仪，古代的外国人，行礼就得摘礼帽，礼帽上会插羽毛，会穿燕尾服；那中国

杨成和孩子们

呢？从先秦、盛唐……晚清、民国到现代都会有不同，就像大百科全书一样。学校重视戏剧，让师生动起来，就是在孩子从书本中汲取营养之外，又给参与、观看的孩子打开了一扇窗户。

问：这次演出的剧本改编得很有意思，把一些故事逻辑化了。本来寓言并不重在故事本身的逻辑，但是通过改编和丰富，却有了一条逻辑的链条。比如《刻舟求剑》，为什么剑会掉下去，原文是没有的，通过改编，加强了可能性。想听听您对这三个作品改编的想法。

答：我拿《刻舟求剑》举例。剑为什么会掉下去？剑是老爷的。我们给演员排戏的时候，有规定情景。我们现在生活在这儿，包括空气、环境、温度、湿度、季节、具体的时间，包括要做的事情，跟谁一起坐下来聊天，所有的一切，统称为规定情景。我们做儿童剧也要把每一个角色具体化、形象化，这样才会有意思，观众看完了，才会觉得这就是我身边的谁，谁谁就是这样。每一个人都像一种作料，有不同的味道。《刻舟求剑》只有三个角色，老爷、随从、船夫。老爷今天要去镇里参加一个宴会，他家有一个宝贝，要拿去秀给别人看。学习表演，第一条是观察生活，观察生活中有意思的事情、有意思的人物。我们把若干个有意思的人物的特点放到一个人身上，就编出了老爷这样一个骄傲、爱臭显摆、自以为是的人物，这种人物我们身边就有。有的人买了一块名表，没事就爱托腮，其实在秀给人看。随从，是故事里一个中下阶层的人物。他阿谀奉承、逆来顺受，心里头乐不乐意，他自己知道，放在舞台上，观众也知道。船夫的角度其实就是观众的角度，船夫的反应就是观众的反应。我们加进一些有意思的环节，加了风浪，这可以增强戏的感官效果。自以为是的老爷瞎喊了一句"宝剑镇水"，恰巧那个浪"哗"就来了。原文没有说剑为什么会掉水里，我们给加上了，就是因为他太嘚瑟了。经过刚才的风浪，很有可能他的脸上还有水，这就增强了人与环境的关系。

如果他把剑老老实实地放在宝盒里，老老实实地放在船上，剑未必会掉到水里。所以，这个行为就把人物的特点表现出来了。怎么跟原文贴合？他给大家讲了个道理：不用找，没事儿，我小的时候啊，有一回走夜路，摔倒了，在一棵树下掉了一颗牙，我就解下腰带，拴在这棵树上。第二天过来一看，哦，有记号，牙就找到了。这是编剧赋予的一个既相同又有不同的情节，非常精巧。这就有深度了，而且很幽默。人物的设置，三个人三种色彩，是为戏的主题服务的。我们的改编既源于成语，又做了艺术的想象，做了有机的连接。

怎么让这个戏更加适合孩子看？越丰富越好，但是不能乱。这个戏的风格叫人偶歌舞。人，指的是演员。偶的范围现在扩大了，从中国的传统木偶，慢慢发展到民间的社戏、划旱船、骑驴、舞龙舞狮等，我们民间的手工艺人，用灵巧的双手，用本地的材料，竹子、布、纸、糨糊、颜料，做成动物、神兽、人物等道具，通过演员赋予它们生命。在这个戏里有几个偶。水慢慢涨起来时，我们看到两条鱼。底幕是黑色的，操纵杆是黑色的，小演员趴在下面操作，让鱼"啪啪啪"下去了。后面还有一条船，这是大型的偶，这是由几位老师一起完成的。唱歌、舞蹈、偶、演员的表演，让整个舞台更丰富了。船夫的划船要跟船的行驶相配合。这帮小演员不容易。他们接触道具的时间那么短，进了剧场，环境、空间与排练时不一样，更不容易。

戏剧教育符合未来的发展需要

问：您从什么时候起爱上儿童剧的？

答：2004年。尽管在中央戏剧学院学习时也看了一些儿童剧，但真正了解儿童剧是进剧院工作后。我才发现儿童剧并不是那么简单的，有表演，有现场的歌唱、舞蹈、肢体动作，还得操控偶和其他物件使整个舞台更加美轮美奂。儿童剧跟音乐剧有相似的地方，都属于舞台剧最高的剧种。

问：现代戏剧的样式好像越来越丰富了，出现了体验式戏剧等，能简单介绍一下吗？

答：是的，先锋体验式的戏剧样式近年来慢慢传入我国。2016年的乌镇戏剧节，就有一部作品在仿古建筑、河边、窄巷等地方按照剧情设置表演，让观众在走动、驻足中身临其境地观看。在山西平遥，有一个实景演出也借鉴了这样的戏剧形式，在土墙、地壕、城门等极富当地特点的环境中设置表演，并在一定的演出之后给观众（游客）提供了两条通往不同故事结局的线路。我觉得这样的大胆尝试非常好。但目前在国内仍然存在一定的问题，比如制作团队的专业水准、观众（游客）的欣赏水平、作品是否为了迎合观众而降低品位等。我想，针对国内目前的戏剧演出环境，专业化的戏剧作品和旅游演艺在根本上是存在差异的。

现在，琅琊路小学如此重视戏剧教育，让我很感动。因为戏剧可以非常直观地表达感觉、情感、观念，同时戏剧是一门综合、合作的艺术。这在当下的中国极具现实意义，也符合未来的发展需要。

给孩子更多的体验

问：在对女儿的培养方面，您也会运用戏剧的方式吗？

答：我们家有很多故事书，每天我都会给女儿讲故事。我在北京人民广播电台有一个讲故事的栏目，那是提前录音的。每天晚上女儿睡觉前，我会给她讲一个现场版的，她非常喜欢。她很喜欢打扮自己，毕竟是小女孩嘛。她每次打扮的时候，我们就模拟演唱会的现场。她穿一套睡衣，自己边玩边唱。我家养了很多动物，我把三只龟拿出来，放在她面前，说："看，你的粉丝来啦！"这样的情景设置，营造所谓粉丝的力量，可以让她更加自信。还有，把她打扮成白雪公主啊，小红帽啊，墨西哥大侠啊，都是用我们平时的衣服，甚至布什么的来装扮，她觉得很有意思。不是刻意打造她的表演细胞，而是让她觉得，哦，我们还可以这样玩。跟孩子在一起的时间是很有意思的，我们既玩了，又让她学到一点儿东西。我不会刻意地让她去背唐诗宋词什么的，但是，我会通过日常的交流把这些信息，包括文化习俗渗透进去。比如，我说外国人吃饭不用筷子。"用手吗？"我说对，我去过印度，印度的朋友就是用手的。"来吧！我们体验用手吃饭。"既然她有想法，我们就会去做。接着，我说，我们还要吃外国人的西餐，吃西餐用大盘子，用刀叉。那时刚好是中秋节前后，月饼盒里都有塑料的小刀叉，对于孩子没有伤害性。我们就用这些扮演。我就是想给孩子更多的体验。

问：最后，请给孩子们推荐一部剧吧。

答：一部不够哇！如果只推荐一部剧，那就是《喜洋洋与灰太郎》。同时还想推荐莎士比亚的《第十二夜》。很多家长会买前者，但是，我希望我的孩子、我教的孩子去看莎士比亚，那是戏剧的最高点。当然，前者也很热闹、很有意思。我希望我们的孩子喜剧要看，正剧要看，悲剧更要看。悲剧给我们的心理能量是不可估量的。要多看，要有选择性地看。我们剧院的《马兰花》《宝船》《东海人鱼》《皮皮的长袜子》，还有《格林童话》《伊索寓言》里的一些故事，都很好看。希望有更多的孩子看到这些剧目，希望这些剧目能引发他们对文学艺术的热爱。

（2016年12月访谈）

董 蓓

声音的魅力来自真实的感情

董蓓,南京艺术学院电影电视学院副院长、副教授、硕士生导师。国家级普通话测试员,江苏省青年联合会委员,江苏省普通话测试委员会委员,江苏省青年艺术家协会理事,江苏省朗诵协会副会长,江苏青年友好使者,南京市朗诵协会艺术顾问。

朗诵是由内而外的

问:您是从什么时候起爱上朗诵的?

答:我要感谢我的小学语文老师。才入学一个月时,她就推荐我参加区里的故事大王比赛。我拿了二等奖,她很高兴,就发掘我这方面的兴趣爱好。她带着我们几个小朋友排练,然后为课文录音,上课放给大家听,《小壁虎借尾巴》啦,《骄傲的大公鸡》啦。小朋友都很喜欢,课堂也好玩了。这很大地激发了我的兴趣,让我觉得读故事、读课文是一件很有趣的事情,语文课堂是很有意思的,还有点儿小小的荣誉感、成就感。从小学到中学,我经常参加各种活动、演出、报幕、主持什么的,把很多精力放在广播站、学生会、文艺部这些方面,组织读书活动、晚会,还代表学校参加了很多朗诵比赛,拿了很多省市级的奖项。但是我觉得比赛结果并不重要,重要的是这些锻炼的过程让我爱上了朗诵。

问:很多人认为,朗诵的前提是拥有良好的声音条件。是这样的吗?

答:去年,南京市教育局组织了一次教师朗诵比赛,请我担任评委。获得第一名的老师声音条件并不突出,她讲的是一位军嫂的故事,现场很多人都流泪了。那种感情就像最尖锐的匕首刺到了最柔软的地方。我也被感动了,给她打了最高分。余光中先生的诗会,他自己朗诵《乡愁》,非常打动人。你说他的语音标准吗?声音有多好听吗?当真情实感流露,自然地引发共鸣时,字音的标准、气息的处理,甚至停连、重音这些外部技巧,都不重要了,重要的是能够切切实实打动你的心。朗诵就是要言必由衷、言必有情、言必有物,传情达意啊。

问:您的意思是说,朗诵者对作品的理解和把握才是最为重要的?那么,优秀的朗诵者一定是一个阅读者。

答:朗诵一定是由内而外的。有人说学朗诵是学发声、气息处理等等,我觉得这些技巧很重要,但是一个作品就像

三十人行
给孩子的人文访谈录

董 蓓 声音的魅力来自真实的感情

一棵树，不管是横斜逸出，还是一树繁花，起决定作用的一定是植于土壤的根系。一个人喜欢朗诵，首先肯定要对文学感兴趣。我小学三年级开始看《红楼梦》什么的，觉得很有意思。中学时，跟语文、历史老师关系特别好，经常聊聊野史什么的。我觉得文学可以打开一个新世界。书读多了，对于感受力、理解力，包括表现力的提高都有很大帮助，这样就更喜欢朗诵了。等有了一定的朗诵基础，有了一定的舞台表现力后，又更喜欢看书了。每一次我们想表现一个作品，一定要阅读大量的相关背景资料。比如朗诵朱自清的《匆匆》，只读这一篇肯定不够，我们要去读朱自清的文集，要读别人研究朱自清的东西，这还不够，因为他的作品时代印迹很深，所以还要阅读与他同时期的那些作家的作品。这样，在朗诵他的作品时，才能感受到那个时代的语言特有的旋律感和朱自清独特的文字魅力。

能够感动人的就是好的朗诵

问：以您的体验，一个优秀的朗诵者是怎样成长起来的？

答：我认为要经历三个阶段。第一个阶段是看山是山，看水是水。看到什么文字就读什么。这只是认字发声而已。

第二个阶段是看山不是山，看水不是水。我上大二时，看了我的台词老师的一次朗诵演出，突然发现自己不会朗诵了。那段时间我陷入了瓶颈期，一直在思考：形式大于内容就显得假，而内容大于形式，我们就觉得表现力不够。我这样表达是不是形式大于内容了？我那样表达有没有内容大于形式呢？在朗诵时，每一个字、每一个词并不应该是张口就来的，一定需要设计，这会是一个严谨的创作过程。我最初会设计很多种表现方式，然后根据作者的原意，根据我的理解，根据受众的需要，以及朗诵的场合，最终确定一个表现方案，这个方案是最合适的，在此基础上再做出自己个性化的朗诵处理。我不太相信所谓的即兴火花，"文章本天成，妙手偶得之"，我只相信"读书破万卷，下笔如有神"，一定是由量变到质变的过程。虽然朗诵的只是一篇稿件，我也认为必须全面了解、广义备稿，因为对文化的驾驭、理解，会影响到表达效果。这个词为什么这样念，那个地方为什么这样停顿，一定是有道理的。否则，别人无法接收到你所传递的信息。

最后一个阶段，看山还是山，看水还是水。那就是炉火纯青了。所谓的外部技巧就像血液、呼吸一样，已经成为一种能力，不用过多考虑了。在朗诵时，只需要想一件事：把我最真实的感受表达出来。这就又回到最初的状态，我想说什么就说什么。就像张三丰教张无忌学太极剑一样，到最后招式全忘了，却全会了，无招胜有招。这是真正的大家，是我一辈子要走的路，是我努力的方向和最终的目标。

问：经过这么多年的实践和思考，您认为好的朗诵是怎样的？

答："好"的标准每个人都不一样。我认为，能够传递最准确信息的，并且能够引发别人共鸣的，能够感动人的，就是好的朗诵。

朗诵作为一种艺术形式，在创作上会有几个方面的要求。第一，当然是遵守国家通用语言文字法的规定，以及语言的客观规律，比如停连、重音、古诗词的音顿律。第二，有比较美的声音，有比较好的气息。有人先天条件就非常好，当然也可以通过专业训练来提高。第三，最重要的一条，还是看能不能把你想要传递的信息，爱也好，真也好，美也好，传递给受众。我特别不喜欢那种声音好得不得了，艺术手法很高超，但是问听众：刚才听到什么了？不记得。表达了什么情感？不知道。这个演员厉害在哪里？他的声音好……我觉得这是很失败的作品。我们应该爱艺术，而非爱艺术中的自己。那种炫技式的表现是不可能真诚表达内心的，沉浸在高超技巧中的表现并不是艺术本身的追求。我希望完成一个作品后，大家都不想说话，都沉浸在自己的思绪里。大家被作品引发了内心的共鸣，一同思考，一同感念。这个思绪是由你传达的那个信息，结合了受众自身的经验而引发的。每一个人的心底都藏有一个小小的柔软的角落，在现实生活中，这个角落有一个坚硬的外壳保护着。但是在那个时间，朗诵者通过一种艺术形式，触碰到那个柔软的地方,让你觉得不管发生了什么,始终会有一方世界,面朝大海,春暖花开,始终会有一颗心口的朱砂痣,会有那一片床前的明月光。我觉得这就是艺术的最大魅力吧。

跟女儿讲故事不会夸张

问:您指导女儿朗诵吗?

答:我希望她的童年是快乐的,没有压力的。我如果有时间,会带她到很多地方旅行。在陌生的地方,她跟人的交流能力非常强。比如在沙滩上,我找个地方看书,她一个下午会结识很多朋友,玩各种游戏。在家里,睡前我会给她讲故事,她会点评故事里的人物。但是从外部技巧的角度,我从来没有告诉她朗诵的高低起伏,一定要怎样去念。我觉得还太早,她还小,我想先培养她的兴趣。首先得喜欢文学,喜欢说故事,喜欢与人交流沟通的感觉,这样才能谈得上朗诵。等到真的需要朗诵作品的时候,我只要告诉她一些朗诵的客观规律,不违背就可以了。希望她因为喜欢而去关注吧。

问:最后,能给孩子们推荐几个声音艺术的样本吗?

答:两年前,我带着我的学生团队,完成了江苏省教育厅的一个项目,是《中华经典诵读》,内容是中小学的136首古诗文。为了让孩子们喜欢看,还做了一些动画效果,作为课后补充材料。今年也有一个计划,要做一个朗诵考级的有声读物。我们小时候听的燕子姐姐讲故事、金龟子讲故事,都不错。她们不夸张。我给女儿讲故事也不会夸张。我喜欢这个故事,我诚心诚意地把这个故事说出来,她接收到了,自然也会喜欢这个故事。这就够了。没有必要夸张,表达还是要自然一点儿。现在的孩子情商都很高,都能理解,我们不用刻意去做。对于一些艺术家的作品也不要一味模仿。如果艺术家的作品让你感到震撼,你一定要想一想,他的感情表达为什么让你有这么强烈的共鸣,而不只是关注形式,你可以学习他的表达方式。

今年教育部、国家语言文字工作委员会发布了《关于进一步加强学校语言文字工作的意见》,提出懂书法、会朗诵要成为学生的基本功。作为身在一线的教师,要更多地思考如何让孩子们通过诵读经典,传承中华文化,让他们喜欢朗诵,享受朗诵。这是一个长期的工程,路漫漫其修远兮,我们将一起上下而求索。

(2017年6月访谈)

许 鹏

跳出一种文化的质感

许鹏，青年舞蹈家。主要作品有舞蹈《说唱俑》《前哨》等，舞剧《牡丹亭》《桃花坞》、现代舞剧《聊斋——竹青》。作品曾获中央电视台电视舞蹈大赛表演银奖、全国舞蹈比赛文华舞蹈节目表演奖、"荷花杯"全国舞蹈比赛作品金奖等。

每一次排演都是克服困难的过程

问：主演大型舞剧《牡丹亭》应该是您重要的演出经历吧？排演中，您遇到了哪些困难？是怎么克服的？

答：对我来说，每一次排演都是一个克服困难的过程。

首先是抓人物感。为了能演这个角色，我吃了一番苦头。在一开始并不被看好的

舞剧《牡丹亭》剧照

三十人行
给孩子的人文访谈录

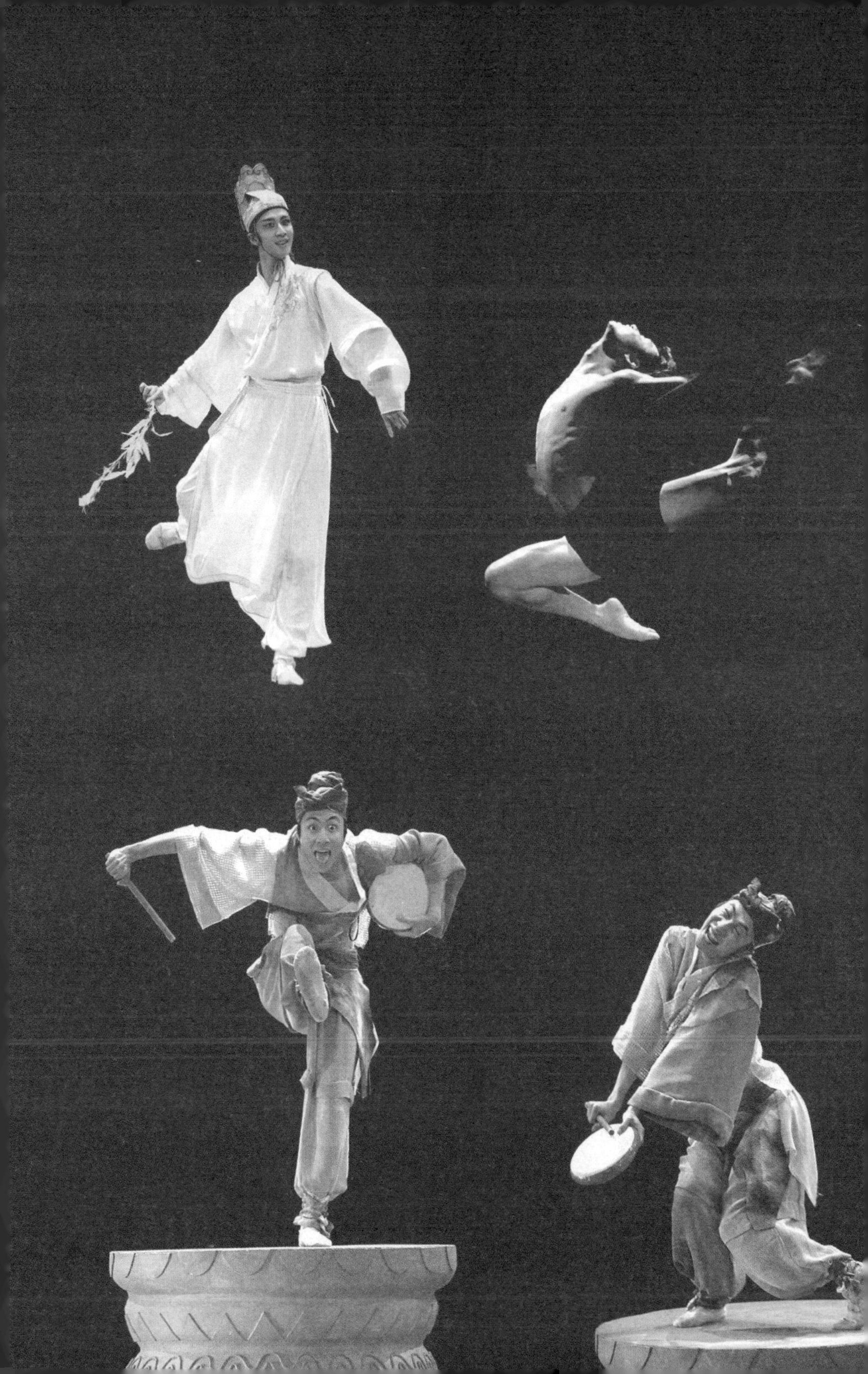

前提下，我有针对性地磨炼自己，力量不足就练力量，技巧不行就练上一百遍，直到完全掌握，表演不足，就找相近的素材一点儿一点儿刻进骨子里。

其次是体力。舞剧中所有的舞段都必须有体力支撑。为了获得更大程度的体力支撑，排《牡丹亭》的日子里就是一个字"练"，每一个舞段记不清练了多少遍。和舞伴的托举，从早上的基础训练课结束就开始练，一直练到晚上。

最后是信念。在这部剧的影响下，我各方面成熟不少。尤其是对自己发狠的那份心态，我想，这份信念我会一直坚持下去。

问：以您的体验，一名优秀的舞者，除了要具备高超的技术外，还应该具备哪些品质？

答：单纯，永葆感恩的心，以及安于清贫。我能成为优秀的舞者，完全依赖于曾经教授过我的老师们，跟他们朝夕相处，不知不觉中印上了他们的印记，磨灭不去——那就是对专业的执着与认真。

大学四年，我不单单是训练肢体，更重要的是，完成了思想和舞蹈的融合。如今，我完成一个舞蹈或者舞剧前，都要了解背景、熟悉音乐、假设某种情景……试图跳出一种文化的质感。

问：您最尊敬的一位舞蹈家是谁？为什么？

答：我对每一位热爱舞蹈的艺术家都报以尊敬的态度，都愿意去学习和交流，哪怕是比我年轻的。不同的舞蹈家会用自己的视角理解人或事，经常与他们交流或者欣赏他们的作品，是一种博取众长的学习经历。

欣赏艺术，观众需要一定的阅读基础

问：作为观众，应该如何去欣赏一段舞蹈，乃至一部舞剧？您能给些建议吗？

答：说到舞剧的欣赏，观众可以先熟悉题材，看之前备课，阅读导演的文学阐述。舞剧有写实的部分，也会有比较抽象的肢体表述，观众对史实或者原著有了一定的了解，观赏时方能体会到演员传递出的导演用意。真正大雅的艺术需要观众有一定的阅读基础。

问：对于儿童学习舞蹈，您有怎样的建议？

答：儿童学习舞蹈可以到资质过硬的少儿舞蹈培训班学习。面对很多种类的少儿舞蹈考级，家长如何选择适合自己宝贝的机构是一门学问。舞蹈既可以锻炼身心，又可以娱悦情操，我非常赞同家长送自己的小孩去学习。但是要认准有资质的教师和机构，以免孩子在练习中造成不必要的伤害和肢体走形。一般建议准备入小学和入小学以后的孩子练习舞蹈。

问：最后，您能给孩子们推荐一位舞蹈家吗？

答：推荐我的朋友，青年舞蹈家王亚彬。她六岁开始学习舞蹈，九岁考入北京舞蹈学院附中，毕业于北京舞蹈学院，现为北京舞蹈学院青年舞蹈团主要演员，获奖无数，是一位资深的舞蹈明星，也是一位才女。在她身上我看到了干净清透的气质，这些在她行云流水般的舞蹈中，还有她笔下的文章中可以窥见。是的，近年来，她开始用笔记录每一次创作、每一次演出的心得体悟，以一场纸上舞蹈带着观众追寻舞蹈的极致之美。当舞蹈演员很不容易，她是一个特例，她出道很早，又赶在最好的时间里成就了自己。她用坚持告诫着每一位学习舞蹈的孩子，用实际行动影响着周边许多人，包括我！从她身上，我看见了一位舞者的不易，也看见了因热爱而坚持的原动力。

（2017年6月访谈）

范乐新

梅花盛开，香远益清

范乐新，国家一级演员，南京市京剧团常务副团长，南京市戏剧家协会副主席，中国戏剧家协会会员。主攻武旦、刀马旦，代表剧目有《穆桂英大破天门阵》《扈家庄》《改容战父》《虹霓关》《虹桥赠珠》《女杀四门》等。2013年凭借《穆桂英大战洪州》摘得第26届中国戏剧梅花奖。

演出《盗仙草》后喜欢上京剧

问：范老师好，请问您是从什么时候起开始学习京剧的？当时是出于喜欢吗？

答：我出生在河北雄县，那里是著名的"跟头之乡"。我九岁开始练功，后来是偶然的机会，十四岁开始学习京剧。我一开始并不知道什么是京剧，谈不上喜欢。

要说从什么时候开始喜欢上京剧的，应该是在戏校。第一学期学的第一个戏是《盗仙草》，我演的是白素贞。老师根据我们的自身条件，在传统戏的基础上进行编排，

三十人行
给孩子的人文访谈录

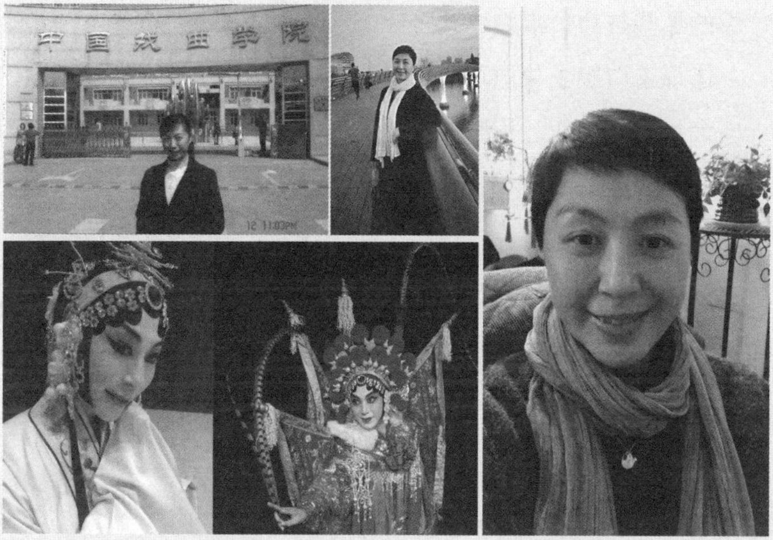
中国戏曲学院

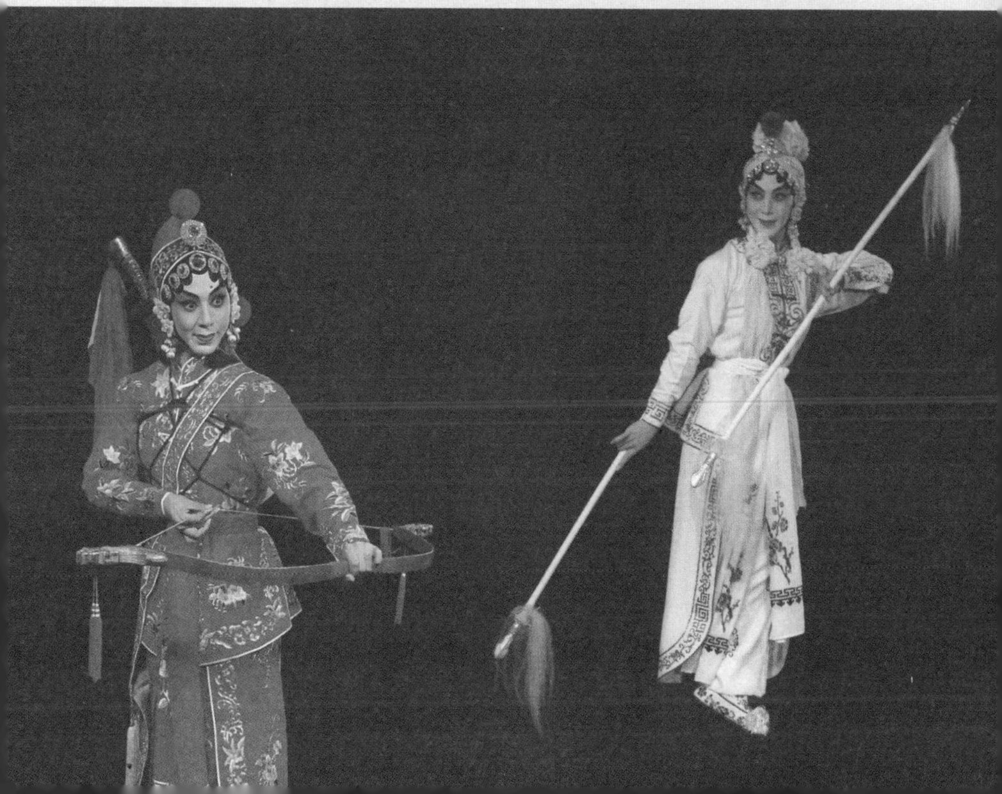

编的那些技巧、唱腔、开打,充分体现了白娘子与鹿童、鹤童这些天兵天将打斗过程中的机智勇敢。我演出后一下子就喜欢上了京剧。

范乐新扮演白素贞剧照

问:您为什么选择主攻对唱腔和身段要求极为苛刻的武旦?

答:硬功武旦不是我自己选择的行当。考入戏校后,老师根据学生的条件来分配行当。因为我进校之前在家乡练了几年的基本功,有了扎实的功底,刚入校,就被分配到武旦组了。随着年龄的增长、学习的深入,老师发现我在文戏方面也有一定的潜力,就让我学了不少文武并进的大戏。

京剧最大的魅力是唱腔的旋律

问:戏曲的传承很大程度上依靠师父的口传心授,一出戏要传很长时间。为什么要采取这种看似效率很低的方式呢?

答:京剧太难了,唱念做打舞,方方面面都必须学扎实,要有很好的基本功。如果不是口传心授,你只能学个皮毛。就好比国画,必须要有老师教。只是自己看,自己画,似乎也画得不错,但如果有好老师指点,就会领悟得更好，就能得到很大提高，会学得更扎实。

京剧作为一种传统艺术，一定要老师一句一句地教，当然不是永远一句一句地教。有了一定基础后，成年演员可以借鉴录像。但是，跟录像学完了，一定要找老师指点才行。如果没有老师指点，只是跟着录像学，学到的肯定还是一些皮毛，真正的窍门是不知道的。

问：您认为京剧的艺术魅力是什么？

答：我认为京剧的化装、服饰、舞蹈语汇、表演的虚拟性，都显示出它的魅力。京剧最大的魅力应该是唱腔的旋律。生旦净丑都有流派，每个流派都有自身的特点，都有代表剧目。

我认为，一个普通观众，如果经常走进剧场欣赏京剧，就会慢慢爱上京剧，它的魅力真的无法用语言来描述。

问：您认为，一名优秀的京剧演员应该具备哪些素养呢？

答：首先，要能吃苦，要有很好的身体素质，加上嗓音、形体、个头、长相等多方面条件。

文化素养对一个演员来说非常重要。不管是老师口传心授，还是跟着录像学，或是创作剧目，一定要有理解能力。理解唱词，理解念白，理解人物当时的心情，知道为什么这样去表演，为什么要这么做，这样才能把角色演好。在这里，语文功底——阅读理解能力和写作能力当然是必不可少的。

比如我参加比赛的《穆桂英大战洪州》。我们是在传统戏的基础上整理加工而成的。当时觉得，过去的老先生写的剧本，剧情不是特别完善，有的地方不是很合理，我们就要考虑怎么让剧情更合理，让人物的安排更合适。这就需要文化素养。所谓的好演员，小的时候学戏练功，到了一定年龄，看的还是文化。如果没有文化，艺术生命不会长久。

怎么让现在的孩子了解、喜欢京剧

问：2013年，您凭借《穆桂英大战洪州》摘得第26届中国戏剧梅花奖。您扮演的穆桂英集武旦、刀马旦、青衣、花旦的表演技巧于一身，给观众留下深刻印象。能简单谈谈这出戏的表演吗？

答：《穆桂英大战洪州》由传统戏《破洪州》改编而来，是一出非常吃功夫的戏，曾由著名京剧表演艺术家刘秀荣、张春孝于1963年上演，并拍成电影。

范乐新扮演穆桂英剧照

为了符合当今观众的审美情趣，我们进行了改编。

比如，《发兵》一场，增加了"挥令旗摧战鼓，动地惊天……"等激情高亢的唱腔，突出穆桂英解围洪州的迫切心情与誓灭辽兵的决心。《歼敌》这场戏，对穆桂英的武戏增添了大靠翻身、枪下场等高难度动作，以便更充分地展现穆桂英的气概与威风。

问：怎么让现在的孩子了解、喜欢京剧？您有什么建议？

答：我觉得只有多走进剧场，多接触，才能产生兴趣。如果看都没看过，就根本谈不上欣赏，更不会欣赏了。

问：请给孩子们推荐一些适合的剧目。

答：小孩子先看一些载歌载舞的剧目比较好，或者文武的戏。如果上来就看大文戏[①]，一看就会睡着的，不大容易接受。比如小花旦戏《小放牛》、短打武生戏《三岔口》、孙悟空的戏《西游记》，小孩子应该都会喜欢。

（2017年11月访谈）

[①] 文戏，以唱功或做功为主的戏，区别于"武戏"。

江 兵

谱写一曲凝固的音乐

江兵,知名建筑设计师。从业四十余年,积累了深厚的建筑设计理论和实践经验。由他主持设计的南京奥体中心获得国际优秀体育建筑和运动设施金奖,上海世博会国家电网馆获得中国建筑设计奖(建筑创作)银奖。

设计建筑就像造一个人

问:江先生好!您是知名建筑设计师,设计了很多优秀建筑。一座建筑是怎么设计建造出来的,能简单介绍一下吗?

答:设计建筑就像造一个人,建筑师要考虑:第一,这个人生活在哪里;第二,这是一个什么样的人?这座楼是办公楼、医院、酒店、影剧院,还是图书馆、体育馆、学院、监狱、超市?用途不同,功能就不同,设计也不同。这就相当于人的性别、年龄、相貌、职业了。

建筑师还要考虑这个人的性格,他是热情奔放的还是沉着稳重的？是传统的还是开放的？这些丰富的内涵都需要建筑师去思考。

和对人的行为规范一样，国家对建筑也有很多标准。建筑师在设计房子时要遵守上万条约束。建筑师把所有设计理念用图表达出来，经过方方面面的认可后，再请结构工程师给这个人撑起骨架，确保其能站立起来，经受风吹雨打和地震；请给水、排水工程师设计消化系统，即上水和下水；请暖通工程师设计呼吸系统和御寒消暑系统，好比保持人的体温正常。电气工程师除了提供能量，还要把智能化的神经系统，从中枢一根根连接到每个末梢，让眼睛亮起来，让思维活动起来，让手脚协调起来。然后，把这一大堆设计图纸给造价师，请他计算要花多少钱，然后就可以送到工厂（工地）去了。再往后，建筑师要经常去工地，看看胳膊、腿安装得对不对，是不是想要的那个人。

人性化、生态和谐、可持续发展

问：我们该怎么评价一座建筑呢？

答：人性化、生态和谐、可持续发展，这些都是现代社会对建筑的设计要求。

人性化体现在对人的关怀。这包括建筑内部的尺度、使用的方便性，比如扶手、台面的高度和安全性，空调中的新鲜空气占比量，而无障碍设计则为残疾人士、老幼妇弱提供了方便。

三十人行
给孩子的人文访谈录

南京中医院

无锡酒店

宜兴体育游泳馆

杭州市奥林匹克体育中心

生态，说的是建筑周边的环境处理要扩大植被，增加含氧量，减少尘埃，降低太阳辐射面积。和谐体现了环境与建筑对人的管理，有些建筑要创造和谐的环境使不同的人容易走近、亲近；有些建筑要保证私密性；有些环境要防止犯罪，比如在小区、偏僻的公园、角落不宜栽密集的灌木，这在国外建筑学中称为建筑心理学。

可持续发展是建筑师目前关注的重点。利用热气流上升的原理改善建筑内部的空气质量并调节温度；利用地热产生适宜的室内温度和供应热水；同时还要适量保护地下水资源，收集雨水作为景观植被的浇灌用水；等等。

问：在当下的城镇化建设中，我们看到很多格式化的建筑，面目单一，没有特色，千城一面。您认为造成这种状况的原因是什么？

答：国内一直在批判千城一面。从历史的长河看，这仅仅是一瞬。大工业的发展，人口的激增，都需要大量各种类型的建筑。在时间短，工业化强度大，做工不精致的情况下，产生的就是当代的建筑。未来，这些建筑会成为历史，会进行改造。

问：什么样的建筑才是好建筑呢？

答：越是时髦的建筑生命力越短。看上去扎实的建筑，生命力可能会很长。因为，建筑的使用首先要看功能。一座建筑四平八稳,就像男人的西装,多少年都不会落伍。而比较时髦的建筑就像女人的时装,今天看着很漂亮,过两天就过时了。正像有人说的,越是时髦的东西,越是不经久。

多看、多经历至关重要

问:您是怎么与建筑结缘的?

答:学建筑设计是一个偶然。我母亲在南京艺术学院工作,她带美术系的学生去南京炼油厂实习,看见很多设计师在设计房子,非常羡慕,就想,我儿子以后如果能去做建筑设计该多好。后来,她帮了我很多,使我能够进入设计院当学徒,能够考上南京工学院学建筑。

在设计院的几十年的磨炼中,我慢慢克服了自己的缺点,懂得了越是艰难的时候,越是不懂的时候,越要去钻研。现在,我是一个"两栖"建筑师,从方案创意一直到施工图、材料规范,都会研究得很细,这样,才能称为一个成功的建筑师。

问:对将来有志于成为建筑师的孩子,您有什么建议?

答:在小学阶段,我认为孩子们应该培养良好的兴趣,除了数学、语文,应该拓宽自己的爱好和知识面。建筑属于上层建筑和经济基础相结合的东西,既有严谨的科学,也有美好的想象。对孩子来讲,拓宽思路,多看、多经历至关重要,历史遗留下来,而且人能直观看见的最大财富，就是建筑。

问：请给孩子们推荐一些国内外的优秀建筑。

答：国外的建筑，我推荐卡拉特拉瓦的，他在美国纽约世贸中心被毁以后设计的中央地铁站比较有吸引力，建筑结构完美统一。卡拉特拉瓦的作品非常多，这是比较杰出的一个。

还有大家都知道的扎哈·哈迪德，一位女建筑师，已经去世了。她的作品非常现代，非常流畅。小朋友们可以参观南京国际青年文化中心，这应该是扎哈·哈迪德最后的作品，她做完这个项目没多久就去世了。

国内的，我认为程泰宁院士设计的杭州美术馆是比较好的作品。它是用玻璃做的，是对中国大屋顶结构的一种模仿，从中可以看到未来现代建筑的中国风格。我不是很喜欢一些建筑师的仿古作品，用些秦砖汉瓦堆砌，不知道为什么这样设计。

如果要看我的作品，可以参观南京奥林匹克体育中心。

南京奥林匹克体育中心

（2017年12月访谈）

施夏明

生就一种安静的书卷气

施夏明,江苏省演艺集团昆剧院副院长。2005年毕业于江苏省戏剧学校昆剧科,工小生。2011年正式拜著名昆曲表演艺术家石小梅为师。曾在《南柯梦》《1699·桃花扇》《红楼梦》《牡丹亭》《白罗衫》《玉簪记》《影梅庵忆语》《醉心花》《梅兰芳》等剧目中担任主演。

曾获全国昆曲优秀青年演员展演"十佳新秀"等荣誉。

昆曲的魅力在创作、塑造人物的那种感觉

问:您是从什么时候起真正感受到昆曲的魅力的?

答:刚进戏校的时候我年岁还小,对于昆曲是什么都还不了解,更别提理解昆曲的唱词了。曲情词义,对于一个十四岁的孩子来说真的太难了。

进入戏校后我开始慢慢地学习,后来进入江苏省昆剧院。2006年排演了《1699·桃花扇》,这是江苏省昆剧院

三十人行
给孩子的人文访谈录

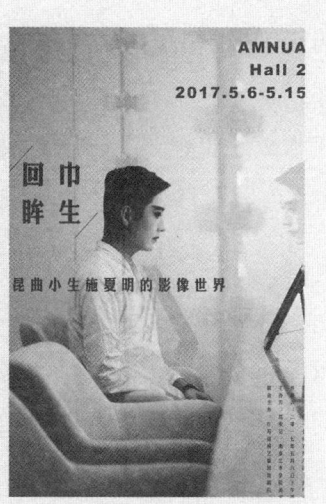

回巾
眸生

昆曲小生施夏明的影像世界

AMNUA
Hall 2
2017.5.6-5.15

第四代年轻演员第一次在舞台上崭露头角，我也是从这部戏开始逐渐摸到了昆曲的门道，逐渐体验到在台上塑造角色的感觉。我想，这是昆曲对于我一个演员来说最大的魅力所在——就是创作、塑造人物的那种感觉。

排《1699·桃花扇》的时候，我记得导演一直说要用明朝人的那种节奏，放慢步履去演绎这部戏。大部分年轻人做事太毛躁、太快了，而我从小到大做什么事都不慌不忙的，身上可能就是有那种慢悠悠的、比较安静的、适合演绎昆曲的气质吧。

昆曲具有文化上得天独厚的优势

问：与其他戏曲剧种比较，您觉得昆曲最大的特点是什么？

答：和其他剧种相比较，昆曲显然具有历代文人为它创作编写剧本这个文化上得天独厚的优势。历代文人雅士都对昆曲情有独钟，《牡丹亭》《西厢记》《长生殿》等古典传奇都出自大家之笔，昆曲得天独厚的书卷气使它成为中国众多古典剧种中最为高雅的一支，也形成了其不容易流于形式的表演，最终一代代传承下来，成就了现在舞台上的昆剧。

昆曲的曲唱也特别细腻，人称水磨调，一唱三叹，是一种令人辗转回肠的演唱风格。所以，跟其他很多剧种声腔高昂、激情洋溢的演唱风格完全不同，昆曲的演唱是慢慢的、静静的、悠悠的，在细腻的声音中去传达角色内心的情感。

昆曲之大美也时刻在深深地影响着我，不断影响着我的审美。我的一大爱好是摄影，在摄影的过程中，我用一个昆曲演员的视角，定格所看到的人、事或物。

昆曲是口传心授的"非物质文化遗产"，我们每一代昆曲人都对这份文化火种小心呵护，代代相传。

排戏之前要做足功课

问：您塑造了不少角色，这其中，哪个角色让您最为难忘？

答：我所参与创作的角色，包括《红楼梦》中的贾宝玉，《南柯梦》中的淳于梦，《影梅庵忆语》中的冒辟疆，以及向老师传承学习的《白罗衫》《玉簪记》《牡丹亭》中的角色，诸如此类，都是昆曲中非常经典的小生角色。其中，我最难以忘怀的，是创作《南柯梦》中淳于梦这一角色时的那种心境。

施夏明扮演贾宝玉剧照

排《南柯梦》的时候，面对诸多媒体的采访，我反复表达过，我其实一开始不喜欢这个角色，随着排练的深入，慢慢地，一直到最后，我才逐渐进入到这个角色当中，才开始体味他在梦中南柯国的经历，乃至梦醒之后的那种觉悟。

施夏明扮演淳于棼剧照

淳于棼这种不完美的人格，给我在塑造人物的时候带来了诸多挑战，这种复杂性和多样性，是我所说的舞台魅力所在。

问：在扮演一个角色前，会做哪些准备工作？能举一个例子说说吗？

答：排演一部戏之前，做的功课越足，塑造人物就会越得心应手，塑造的人物就会越准确。石小梅老师给我们排演《1699·桃花扇》的时候，就建议我去南京夫子庙那座媚香楼看一下，去体验侯方域当时上媚香楼的楼梯时的心境。因为在《1699·桃花扇》的《题画》这一折中，侯方域就有一个上楼的动作。

我后来去了媚香楼，专为踏一踏媚香楼的楼梯，去认真体会老师所说的，上楼梯时的那种期待、激动，又有点忐忑，上楼以后，面对人去楼空，面对空荡荡的一座妆楼时，那种彻彻底底的失落与伤感。这也算是演员为了塑造人物而做的准备工作之一吧。

问：作为著名昆曲艺术家石小梅先生的弟子,有什么难以忘怀的经历吗？

答：石老师待学生很好，经常是言传身教。她对学生要求非常严格，唱念，身段，一字一句地教，一招一式地让我们跟着学。对于我们做得不到位的地方，她会很耐心地批评指正。

印象中她还真的没有特别严厉地训斥过学生，但是，当我们做得不到位的时候，她永远是非常认真地一遍又一遍不厌其烦地示范，好在随着学生自身技艺的不断成熟，让老师示范的次数也逐渐减少了。如今老师已近七十高龄，学生排练的时候，只要看到石老师坐在下面，排练下来肯定是一身汗。倒不是因为排戏多累，而是因为看到老师，紧张的。

观众要提升古典文学的修养

问：近年来，越来越多的人认识到优秀传统文化的价值。就提高昆曲欣赏水平而言，对于普通观众，尤其是少儿观众，您有怎样的建议？

答：祖国的繁荣昌盛，经济发展，让更多的人越来越关注我们中国本身的文化艺术，尤其是曲艺艺术。年轻观众欣赏昆曲，最主要的还是要提升自己古典文学的修养，平时多看看古文、古诗词，多看看中国的几个传奇剧本，这对于欣赏昆曲有非常大的帮助。

大部分走进剧场观看昆曲的观众，都会觉得曲词过于高雅，看不懂。假如对曲词预先有了解，你进入剧场后自然而然就能够沉下心来观看演员的表演，听清演员的唱念，就不会陷于一边看字幕一边看演员表演的忙碌中。

问：请给少儿观众推荐一部适合的昆曲剧目，再推荐一本帮助他们了解昆曲的书。

答：小孩子喜欢的往往是昆曲当中比较诙谐有趣的，比如小花脸、大花脸的戏。像《山门》中，鲁智深抢酒保的酒喝这种小故事，就非常诙谐有趣，小孩子喜欢看他们互相抢酒逗趣的过程。

有关昆曲类的书籍，我推荐大家可以先从昆曲前辈们的个人传记读起，先从昆曲的历史开始了解，比如蔡正仁老师、岳美缇老师的个人传记。我最近在读周传瑛老师的《昆剧生涯六十年》，受益匪浅。

（2018年3月访谈）

郑毓信

关注基本问题与学会反思

郑毓信，南京大学哲学系教授、博士生导师，长期从事数学哲学、科学哲学、数学教育与科学教育的专门研究。出版《数学方法论》《数学文化学》《西方数学哲学》《新数学教育哲学》《科学哲学十讲》等专著。

基础教育，各门课都要打好基础

问：您从小就特别喜欢数学，数学学得特别好吗？

答：从小学到中学，我各门功课都学得不错。我觉得，在儿童阶段看出孩子的特长，有意识地加以培养，当然好。但大部分可能不是这样，大部分的孩子都是普通人，一早就看出苗头，有意识地重点培养，恐怕不是很现实。基础教育，各门课都要打好基础，如果有特长，适当地关心关心。现在讲核心素养，我的体会，知识只是一个方面，分数不太重要，要为将来的发展打好基础。

三十人行
给孩子的人文访谈录

1991年－1992年访美期间与世界著名数学教育家罗伯特·戴维斯合影

1987年－1988年访英期间与世界著名哲学家卡尔·波普尔合影

1988年访英时摄于英国剑桥大学的几何桥

1992年访美期间参与课堂教学活动

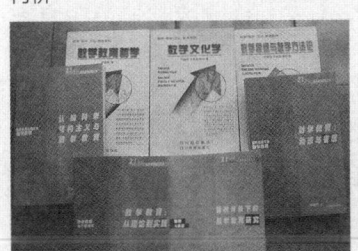

数学促进人的思维

问：数学给您带来了什么？

答：我那天问孙子，跟一般人比较，爷爷什么地方不太一样。他想了想说，爷爷爱想问题。数学是促进人的思维发展的，讲通俗一点儿，数学使人想得比别人深一步。数学、哲学，都是比较适合我的，我比较有思辨性。从事数学研究不用做实验，不用到实验室去，能促使我去想更多问题，想得更深一点儿。所以孙子说爷爷喜欢动脑筋。这是数学潜移默化的作用。

问：您是高校哲学教授，这一背景对数学教育研究有影响吗？

答：哲学是干什么的？也是思辨的，与数学相通，都使人学会思维，想得更加深刻。哲学也强调通过现象看本质，但哲学更加强调批判性，跟数学不太一样。数学强调在原来的基础进行抽象，是积累性的，是层次性的。严格讲，我并不是个数学教育的专家，充其量只是数学教育的评论家，只是一个关心数学教育的人。我会从哲学的角度去提出一些想法，利用我的哲学思维给数学教育提出一些新的思考，这可能是哲学给我的最大帮助。

问：我记得您写过一本《数学教育哲学》。

答：《数学教育哲学》好多人比较认同，无非是从更深的层面来看数学教育的一些基本问题,关注的是基本问题。一般人往往比较注意具体的东西,跳不出来,注意力不要老是在具体的方法、一堂课的设计上。数学教育要成为一个专业,要成为一个理论的东西,必须有基本问题。数学教育哲学是不讲具体教学方法的,但会提出一些更深层次的值得关注的问题。比如,数学教育对小孩到底有什么影响。到这个层面,可以看出,一些具体的知识当然重要,但不是最重要的。我当时在南京大学给文科生上高等数学课,文科生将来用不上高等数学,那怎么使他们感到有收获?必须注意它背后的东西。

郑毓信《数学教育哲学》

规范和兴趣

问:陈省身教授曾经提出"好玩的数学",想听听您对这个问题的看法。

答:什么叫玩?什么叫好玩?这是形象的表述,像吴正宪老师讲的,数学要既好吃又有营养,都是通俗的讲法。我认为小孩的教育过程,特别是现在讲核心素养,是有几个层面的。对小学来讲,第一个层面是规范性,养成好的习惯,低年级要特别重视这点。第二个层面就是兴趣性，要保持孩子的兴趣，孩子有兴趣就觉得好玩，要强调和保护孩子的好奇心、探究欲望。我始终不主张补课。因为小学是发展兴趣、形成兴趣的时候，你一开始就把学习变成孩子的负担，必须怎么样怎么样，孩子的兴趣就被搞没了。

问：对于奥数，有一阵全民皆奥，前阵开始"禁奥"，对此您怎么看？

答：我搞数学教育是有所为有所不为的，奥数我从来不碰。这个领域我从来不发表文章，也不研究。我认为这不是数学教育的关键问题。奥数对大部分人来讲，是充满挫折感觉、失败感觉的学习。从小就去做奥数题的孩子，除了少数天才，绝大部分人是一种失败的感觉，这对小孩的成长不好。奥数有一些诀窍，就是多做题，做到一看题目就会。这显然对人的思维发展不是很好。一个东西给小孩，你要考虑得长远，有所得必有所失。

我准备写一篇文章，《跟孙子一起学数学》。小孩的思维在发展，用大人的思维代替小孩的思维是不行的，完全放任也不行，刚开始给孩子的题目可以简单一些，之后可以增加一点点难度，慢慢地要讲究一些思维训练，不要总是让孩子做简单的题目，但也千万不要让他产生失败的感觉，要帮他养成一些思维的习惯。真正喜欢数学的人，并不是做容易的数学题，每次都考一百分，就喜欢了。一道题目比较难，我做出来了，这种成功的感觉是不一样的。陈省身讲的数学好玩，肯定也在说这个。它是一种不同的快乐，不是那种简单的愉快学习，是一种深层的成功。

反思性科学主要的不是大量练习

问：怎么提高数学成绩？大量做题有用吗？

答：绝对不要搞题海战术。数学思维不是通过简单的多做题目形成的。数学思维的本质是什么？数学思维的发展是有层次的，不是积累性的，是通过一个阶段的实践，再通过反思总结达到更高的层次，这是两个不同的阶段，是反思性的。学习反思性数学的主要方法不是大量练习。人需要一定的经验，但数学的学习主要靠的并不是经验的简单积累——奥数有一点儿这种意思。数学的学习主要是通过大量的实践，在经验的基础上进行反思而完成的。很多著名数学家讲过，没有反思就没有数学。题目做得不要多，但一定要知道为什么做这些题目。要让学生也知道做题的目的，让他通过反思检验是不是能真正达到这些目的。

数学教育的目标我认为最主要的是两条，一要培养他坐得住、长时间思考的习惯；二要教会孩子反思，教会他们不断改进自己。数学是一个不断优化的学科。你没给孩子想的时间，让他们拿到题就做，一做题都是两张纸四面的题量，这样天天做题的孩子的成绩跟不做的当然不太一样，但是差别我认为也是很小的。为了这点儿差别，你花这么长时间去折磨小孩，我觉得犯不着。

停下来只会看手机，你就完了

问：请给小学高年级孩子推荐一本数学方面的书籍。

答：我推荐不了，我从来不认为有一本书可以管一个人一生的。我主张很多书在不同的场合看。人有一个成长过程，不同的时间有不同的需要，这本书也许在这个时候能给你很大帮助，过段时间看则未必。经典书可以反复看，有时你可能看不出味道，其实是当时你没达到一定的水平而理解不了。

前几年有本《快思慢想》，讲人要学会长时间思考，是2002年诺贝尔奖得主康纳曼写的。最近有一本也挺好，《谢谢你迟到》，是三次普利策奖得主弗里德曼写的。他强调这个时代发展太快，要学会停下来反思。要是停下来只会看手机，你就完了。

（2018年6月访谈）

金利波

让每个孩子拥有灿烂笑脸

金利波，医学硕士，心理咨询师，江苏省家庭教育研究会理事，江苏省家庭教育专家讲师团成员，阳光心港青少年心理咨询网站心理专家，科学育儿社会服务援助系统早期教育专家，在《东方娃娃》《时尚宝贝》《扬子晚报》等多家杂志、报纸开设"金医生心理门诊"专栏。她于2003年创办的南京金利波儿童心理咨询中心，多年来惠及千万个家庭。

一个完整和谐的生命需要生理健康和心理健康

问：在国内，心理医生是近十多年才逐渐为人们所熟悉的职业，您为什么选择这项工作？

答：近十多年，我国心理问题发生率增加，促使人们接触、认识、了解了这个职业。我选择这个职业是偶然，也是必然。当年我跟现在的小朋友们一样，少不更事，懵懂青涩。填写高考志愿时，母亲说了一句话："女孩，做医生很好，无论在什么社会，医生都不会失业。"我因此

三十人行
给孩子的人文访谈录

学医。后来读研,是我自己选择的专业。当时,医学模式正处于从生物医学模式转型为生物社会医学模式的阶段,于是,我自己选择的专业是心理健康。

问:可是,不少人认为心理问题看不见、摸不着,并不像身体问题那样需要去找医生。

答:有一次,我去南京博物院参观画展。一位工作人员走过来跟我说:"我看你看得很仔细,你是做这方面工作的吗?"我摇头说不是。对方好奇地问我做什么工作,我如实相告。对方突然打开了话匣子,说她以前不觉得心理问题是多严重的疾病,现在,她对心理问题有了深刻的认识。对方说起自己的一位朋友和朋友家的孩子,说那孩子小时候好好的,上初中后跟父母时有争吵,上高中后经常把自己一个人关在房间里,跟父母不说话,上高二后的一天,那孩子突然就跳楼自杀了,从此,朋友家的天塌下来了。到现在,两年过去了,那孩子的父母元气大伤,根本走不出这种悲伤。

我默默听完,心情沉重。

我也是母亲,从看到孩子的第一眼,他就成为我生命中最重要的部分。在陪伴他一起成长的十八年中,他教会了我很多,他填充了我生命中的时间、空间。我难以想象,如果有一天,他突遭不测,我心里会不会突然被掘出一个巨大的黑洞?我的生活会不会突然风雨飘摇?这个巨

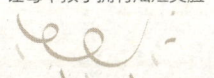

大的黑洞用我的余生是否能够填平？怎样抚平心中这份永远的痛？甚至听到、看到与他同龄的小伙伴们上大学了、找工作了、结婚了、有孩子了，我会不会触景生情、徒然伤感？

这位工作人员的话，我记忆犹新。我深深地感受到，作为专业人员，我们的工作远远没有做到位，没有像普及感冒、心脏病、高血压的相关知识那样普及心理健康的相关知识。

一个完整和谐的生命需要生理健康和心理健康。很多人认为，心理健康看不见、摸不着，平时根本感觉不到。真的是这样吗？

心理健康是一个健全独立的人的必需品，而不是温饱之后的奢侈品。

有一次，一位咨询者当着我的面对孩子坦言："我觉得身体得病是你没办法的事，因为这是疾病找到了你。而心理得病就是你不对，是你没病找病，活腻歪了，主动找病！"这样的认识并非他独有，很有代表性。然而，这样的认识本身就已经严重地跑偏了，就已经把自己陷进了无底深渊。自身不保的家长，怎么有能力引领孩子从深渊里爬上来呢？

心理健康的标准是具体的

问：您认为心理健康的标准是怎样的？

答：人是群居动物。人最大的特点之一是社会性。世界卫生组织定义心理健康的标准是：有与年龄相适应的社会适应能力、具备独立性、能为自己的行为负责、具有健全人格。这个标准是具体的，是可以触摸感知的，是有温度的，而不是空洞泛化、看不见摸不着的。比如，一个六岁的孩子遇到任何事情都用哭喊来表达，且不分场合，就说明他缺少了应有的独立性；一个十岁的孩子，家里来亲戚不打招呼，父母成为他说话的嘴，饭桌上旁若无人只顾自己吃，不知道等待他人夹菜就转盘子，这说明他对自己与外界的关系缺乏应有的理解；再比如，一个十五岁的青少年，面对生病的家人，不知道关心询问，不帮助病人倒水吃药，完全活在自己的世界里，就不仅缺乏了独立性，更缺乏对自己的认知和定位。

问：在您接待的人群中，青少年占怎样的比重？他们主要存在哪些方面的困扰？

答：我每天的工作都是接触父母和孩子，十至十八岁的孩子接近门诊总数的三分之二。我也接触了很多完完全全成年的"孩子"。我记得最清楚的是一位七十三岁的妈妈带着四十一岁的儿子来心理门诊咨询。近年，大学毕业、博士毕业的成年的"孩子"来心理门诊咨询的案例有增无减。他们主要的困扰是与父母的关系、与同学老师的关系、情绪问题、学业问题、丧失独立性、不愿意为自己的行为负责等。

我的工作表面看是儿童心理咨询。实际上，我每天工作的大部分时间都在做成年父母的工作。因为，每一个孩子的问题都是父母问题的复制、翻版、延续。家庭是一个系统，孩子是这个系统中的一棵树，父母是这个系统中的土壤。这棵树的生长情况反映着这片土壤的质量。屋檐下发生的每一件事情都有可能成为父母和孩子心里共同的定时炸弹，任何风吹草动都有可能引爆它。而且，不会是最后一次引爆。引爆并非问题的解决。今天的引爆是无数个昨天忽视、压抑的结果。只要问题没有真正、彻底解决，就不能确定何时再次，甚至多次引爆。

心理问题常常不是一个人的问题，而是一家人的问题；心理医生挽救的往往不是一个人，而是整个家庭。

问：对于当下家长和孩子普遍存在的学业焦虑问题，您有怎样的建议？

答：信息时代，父母很容易从各种媒体上获得各种建议。实话实说，父母不缺建议，缺的是按照建议自我践行的勇气，坚持不懈、一以贯之的能力。

如果说我有建议的话，第一，风物长宜放眼量，心远物皆静。父母的眼光和境界决定了孩子未来起飞的高度。第二，做父母最重要的是要学会与自己内心的焦虑、担心、挫败等平静地相容相处。第三，有了前面两条为基础，遇到自己和孩子之间发生的矛盾和冲突，才能做到不烦躁，不焦躁，平静地说话，想清楚了再说话，而不是口不择言，张口就来。

心理咨询是私人定制

问：您的工作使得您经常接触各种负面情绪，这会对自己的情绪造成影响吗？

答：很多人都非常好奇地问过同样的问题。一般人通常认为，我每天就像垃圾桶，接受的都是别人的心理垃圾和负面情绪。其实，我非常感谢每一个咨询家庭的每一位咨询者，他们给予我莫大的信任，给我分享了自己真实的痛苦。他们在屋檐下经历的种种痛苦，经过岁月的磨砺，凝结为宝贵的智慧。这些智慧时时警醒着我引以为鉴。我非常感谢每一个咨询家庭，他们让我有机会透过困扰和挣扎，发现背后充满爱和令人感动的故事，我从中感受到那种血浓于水的爱。

所有这一切，我唯有心怀感恩。

问：您面对的是一个个具体的人，他们遇到的问题是各种各样的，有时，即便外在行为相似，背后的原因或许差异很大。您怎么保证提出的建议具有针对性和适用性？

答：心理问题是非常个性化的问题。即使表面上看起来相似的问题，绊倒每个家庭成员的绊脚石也常常各不相同。所以，心理咨询是根据个人情况量身定制的过程，需要耐心、细致地当面沟通，一起探寻背后的真实原因。没有统一的方案和模式。正所谓，法无定法。用时尚的词说，是私人定制。

问：请从您的专业角度出发，推荐一部电影，或者一本书，供亲子共赏（读）。

答：这是个非常有趣的问题。我个人觉得电影《狮子王》很值得细细玩味。小狮子成长的过程如同一个孩子的成长过程，会让我们看到成年"人"如何对待它，如何与它互动，如何引领它成长。

让每一个孩子都拥有明亮的眼睛和灿烂的笑脸，是我们共同的心愿。

（2019年1月访谈）

苏　健

大海中的诗与远方

苏健，辽宁省抚顺市人，2004年毕业于大连海事大学航海学院，同年入职上海远洋运输有限公司上船工作，2015年9月后曾任海务船长，后参与创办了Logbook船员社区。

现代航海的样子

问：苏船长好！对于大海，对于远航，很多人都觉得十分神秘。您能先介绍一下船上工作人员的分工情况吗？

答：相信很多人看过航海类电影，在暴风雨中船长指挥若定，船员冒雨从事各项危险工作，实际上现代航海已经完全不是这个样子了。

现代船舶上一般只配有二十名左右的船员，分成甲板和轮机两个部门。甲板部负责船舶驾驶和甲板设备保养；轮机部负责保养船舶的各类机器，保证船舶安全航行。船长是船舶的总负责人。

这是一条船的驾驶台，可以看到，现在是把整个船舶的操纵、机械、雷达,包括传播动态都整合到一个操控面板上了,我们管这种操控面板叫作综合操纵台。现在的船舶已经有电子海图,电子海图的性能非常先进,可以完成船舶自离港以后一直到目的港之间的全程全自动航行,包括自动转向。所以,我们值班比以前在那种老式的船舶值班要轻松得多。

船的驾驶台

现在值班的主要任务是瞭望和避碰。为了更及时地控制船舶需要切换为手动操作,全自动航行下的船舶不会避开来船,容易发生海事事故。

问:您当时所在的是一条什么样的船?主要的航行路线是什么样的?

答:我所在的中远太仓轮10000标箱,是当时国产最大的集装箱船,主营欧洲到国内航线。

关于船,我说5000箱、10000箱,大家可能没有什么感觉,给大家看一个比较

中远太仓轮的备用锚

苏 健 大海中的诗与远方

直观的照片。这是中远太仓轮的备用锚,和船上正在使用的工作锚同等大小。备用锚上面是我的安全帽。可以看到这个锚非常大,记得是14.7吨。中远太仓是南通川崎船厂造的,总长348米,宽45.6米,最大吃水是14米多,从船底龙骨到桅杆顶是65.7米。

船上生活苦中有乐

问:您出航一次一般多长时间?航海生活非常辛苦吧?

答:根据船挂靠港口的多少和港口距离的远近,航次时间有所差异。欧洲航线一般每个航次要49~70天,我们每次上船要工作6~8个月才可以休假。

在海上工作还是非常辛苦的。说说我的第一次出航吧。开始几天还好,后来起风了,于是经历了各种摇晃和颠簸。这大风一刮就是七天,在那横摇竖摇的七天里,我头痛欲裂,吃不下饭,睡不安生觉,船一摇,很容易滚到地上,摔得鼻青脸肿。这时候还要出去干活。七天之后,风平浪静时,我却没有坚持住,吐了。这是我十几年航海生涯中唯一一次因晕船而呕吐。

你们可能想不到吧,在船上,我们最愁的是理发问题。有一年,我上船之后6个月没有理发。现在的船跟以前的很不一样,以前的船舶,由于是码头作业,货物的原因,停靠时间非常长。现在的船舶作业非常快,尤其像集装箱这种标准化的装卸,像5000到10000箱这种大型集装箱船，在国内港口基本停靠不超过20小时，就可以走了。我们靠码头之后还要处理一些货物、值班的问题，下地的时间非常有限，所以理发是一个比较大的问题。

但是，在海上航行时我们能够有很长的空闲时间，工作之余的生活也是丰富多彩的，比方打乒乓球、打牌，最让我们开心的是在海上钓鱼了。只是现在的船舶航行速度比较快，对班期要求也比较高，整个全球货运的节奏在提高，海上钓鱼的机会并不是很多，不过，赶巧的话，我们仍然有时间钓鱼的。有一次，我们钓鱼的时候，有一对鲸鱼母子，在我们船边游弋了很长时间，大概有半小时。这也是船上生活的苦中有乐吧。

问：远航时遇到过危险吗？

答：我们曾经遇到过海盗。过了印度洋，就是大家非常熟悉的索马里海域了。在红海和亚丁湾，我们不止一次遇到海盗追击，好在我们的船大而且航速快，基本不用护航编队和海军干预，就能够自己摆脱海盗追击。

海上并不总是晴空万里的，大风浪天是常态，所谓无风三尺浪，在海上平稳运行的机会非常少。2011年，我们就遇到了那个绰号"梅超风"的"梅花"超级台风，当时非常危险。

航海生涯是人生财富

问：有什么印象特别深的经历可以分享吗？

答：去汉堡需要经过易北河，易北河有一个地方蛮有趣的。大家看这张照片，可以看到有个桅杆，后面这座建筑物好像是家餐厅。他们有一个传统，每次有船经过，他们就会在桅杆上升起这条船所属国的国旗。我们经常碰到，路过的时候，只要是白天，一定会有人匆匆跑出来挂五星红旗，播放我们的国歌，向我们致敬。

易北河的桅杆

记得我到的第一个欧洲港口是那不勒斯，当地人叫作那波利。从苏伊士运河到那波利之间要穿过一个海峡，这个海峡位于意大利本土亚平宁半岛和西西里岛之间，叫墨西拿海峡。墨西拿海峡不宽，呈Z字形，都是90度这种大转弯，操纵船非常困难，水流很强，弄不好会把船推到岸上去。古罗马的斯巴达克斯起义，起义军就因为这个海峡无法撤退到西西里岛，最后被罗马军队剿灭。就是在这个海峡边上，我靠码头后拍的第一张照片就是著名的维苏威火山，当时这座火山真的把我震撼住了。就是当年喷发之后埋葬了庞贝古城的火山。

再如我很喜欢的一个欧洲城市汉堡，有非常多的古迹，给我印象尤其深的是教堂。这幅照片是圣尼古拉教堂。这座教堂在第二次世界大战时被美军炸毁。德国人并没有把这座教堂完全拆掉，反倒修修补补加固起来，作为反战的一个教育基地，教育人民不要再发动战争，要维护和平。我觉得德国人对战争的反思是非常彻底的。

问：这么多年的航海生活给您带来了什么？

答：对我来说，航海生涯最重要的影响是

圣尼古拉教堂

增加了我的阅历。这是一笔不可多得的人生财富。俗话说"读万卷书，行万里路"，你真的要到当地去跟地摊主讨价还价，到当地餐厅吃点特色小吃，去当地名胜古迹走走看看，才会真正理解这个地方的风土人情。

驾驶巨轮跨过茫茫大海，我见过雪山，钻过彩虹，我曾在迷雾中奋勇前行，曾在美丽的沙滩散步，也曾在比雷埃夫斯的海边餐厅品尝美食，仰望苍穹，有海鸥与我们为伴，眺望大海，每天送走晚霞，迎来朝阳。我们生活在一片蔚蓝的

苏　健　大海中的诗与远方

世界里，全世界很多地方留下了我的足迹。至今我还怀念那段青葱岁月，那时的我，心里真的只有诗与远方。

问：关于航海生活，能给孩子们推荐一本书或一部影片吗？

答：我推荐《鲁滨孙漂流记》。

（2020年6月访谈）

朱　进

仰望星空，对话天地

朱进，1985年本科毕业于北京师范大学天文系，1991年毕业于南京大学天文系，获博士学位。1991年7月至2002年9月在中国科学院北京天文台（后改为中国科学院国家天文台）工作，2002年9月起任北京天文馆馆长。兼任《天文爱好者》杂志主编。曾经主持北京施密特CCD小行星研究项目，发现上千颗小行星和一颗彗星（后来被命名为朱—巴拉姆彗星）。北京市科学技术研究院科学传播中心首席科学家。现为北京天文馆名誉馆长。

肉眼是最好的探测设备

问：朱先生好！您从事天文研究和科普工作多年，您认为天文观测对孩子具有怎样的意义？

答：天文是一个跟观测很有关系的学科，有很多跟星空相关的东西，我觉得这些东西给小孩儿讲挺好的。

对很小的孩子来说，玩肯定是最重要的，他们需要

Binary Stars
星星相伴

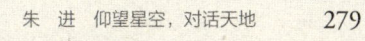

墨子号量子科学实验卫星过境
2017.05.09. 01:58:48-02:02:06
朱进@南山站

朱　进　仰望星空，对话天地

机会去做自己喜欢的事，凭自己的兴趣去玩。小孩儿对不知道的事都感兴趣，一旦接触跟星空或者宇宙相关的事，就会有很多问题。这些内容对培养小孩儿的好奇心、想象力，都是特别重要的。天文不像别的学科那样有写在教科书上的答案。天文很多时候不是这样的。

晚上，你带孩子出去，看到天上的星星，他就会想象不同的亮星之间可以连成什么样的线，怎么连线可以像什么东西，这是非常需要发挥想象力的，而且没有统一的确定的答案。我觉得，天文更能培养孩子的想象力，毕竟它更远，我们对它的了解更少，有更多的未知等待孩子自己去了解。

问：孩子的天性里有一种对天空的好奇，孩子学习天文观测，有哪些需要注意的事项呢？

答：一般的天文观测，首先要注意的是安全问题，特别是夜间的野外观测。至于专业方面的注意事项，跟观测的情况有关系，到底要观测什么，你自己是什么情况，当时是什么环境，什么条件，这个没有办法泛泛回答。

问：那么，孩子自己或者家长需要在装备上做些什么准备呢？

答：装备不是必需的。很多人可能觉得，自己喜欢天文，就要买一个望远镜。其实，肉眼就是我们最好的探测设备，很多天象的观测是靠肉眼进行的。望远镜的视场往往很小，很多时候望远镜看到的东西跟大家想的不太一样。在孩子开始观测天文的时候，我不太建议上来就买一个望远镜。

我个人认为，望远镜的实用性是比较差的，如果从提高孩子兴趣的角度来说，买个相机可能还有点用，记录一下看到的东西。不过，装备肯定不是最主要的，有相机，你不出去，天天在家待着也没用。所以，更主要的，还是要出去。

关于外星人与UFO

问：据说，您坚持认为"外星人的存在是一定的"。您的根据是什么？

答：从天文的角度看，宇宙里像地球这样的行星是非常非常多的，光银河系可能就是万亿这样一个量级。宇宙里，像银河系这样的星系的数目也是万亿的量级。在这么多的天体里，只有地球上有高等智慧生物的可能性特别小。这种概率是一亿亿亿分之一。你问天文学家这个问题，我相信绝大多数人的回答都是肯定有的，或者是应该有。

最近也有个别的观点，认为地球是很特殊的，只有地球上有高等智慧生物。我觉得这基本不可能。没有发现外星人，主要是现在我们没有能力去很好地了解其他星球，我们真正了解的只有地球这么一颗星球。但是，通过天文观测，我们早晚会知道外星人在哪里，这个应该没有什么悬念。

问：对于外星人，似乎有两种截然不同的观点，一种认为应该去积极主动地寻找，而另一种像《三体》则认为，外星人会掠夺地球资源，奴役人类。您怎么看这两种观点？

答：《三体》是科幻小说嘛，都是虚构出来的东西。从我们现在的能力来看，从地球人的科技水平来看，我们当然不可能去跟外星人直接联系，但是，我们有可能通过天文观测，知道他们在哪里，这是我们能做的。其他的做不到啊，我们没有能力过去，他们也没有能力过来。或者说，那些需要掠夺地球资源的外星人，他们跟我们的科技水平也差不了太多，他们也没有能力过来。他们如果真的能到地球上来，那么他们的科技水平会高得出乎我们的想象。那么，他们早应该已经超越了对地球上的资源感兴趣的阶段。

问：对于UFO，人们也是兴趣十足，可又谜团重重。近期，美国国防部公布了三段UFO的视频。您认为它真实存在吗？对于各种说法，非专业人士应该怎么甄别呢？

答：UFO是不明飞行物，不明飞行物肯定是有的，以前报道过各种各样的东西，但是，很多人会把UFO跟飞碟混淆，认为UFO跟外星人有关，这是没有任何证据的。就我们现在看到的几乎所有的UFO，都有非常简单的解释，跟外星人没关系。至少从目前来看，我认为没有任何证据能够证明外星人来过地球。

美国公布的那个视频看不出跟外星人有关，无非是一个飞的东西，没有什么外星人的特征。

问：您喜欢阅读科幻小说吗？科幻小说中常有对太空和宇宙的描写，阅读这类内容时，您会以一个专业人士的眼光审视其中的科学性吗？

答：前些年看过一些科幻小说。很多人给我推荐《三体》，我看了，觉得确实很不错。也看了国内其他科幻作家的作品，以及阿西莫夫的一些科幻作品，我觉得都非常好。

对科幻小说本身，我觉得科学不科学没有那么重要，关注更多的是超前的想象力。如果再有一定的科学性，当然好，但是不能强求。特别是对待科幻电影，现在一部科幻电影一上映，就老有人去解读里面科学的东西，我觉得它不是介绍科学常识的，拿科学性去衡量没有什么必要。

天文学需要纯粹的好奇心

问：对于有志于将来从事天文学工作的孩子，您有什么建议？

答：天文学有个跟其他学科不太一样的特点，它关心的领域跟人和地球没有什么关系，它是自然科学里面特别纯粹的一个基础研究。有的人对跟人打交道比较感兴趣，有的人就对此没什么兴趣。天文学需要的，可能是对跟人相关的事不太热衷的那种人。

天文学需要纯粹的好奇心。好奇心每个小孩儿都有，但是随着后天的教育，情况会有变化，有的人越来越好奇，有的人的好奇心似乎越来越小。天文学需要的是这种对未知的好奇，而且是比较纯粹的好奇。有的小孩儿被培养得干什么事都要知道为什么要干，要了解这事有多重要，只去做那些重要的事，这就不是特别适合学习天文。从事天文工作，不是因为它重要，也不是因为它有用或者有意义才去做，而是因为不知道这是怎么回事，发自内心地想知道、想了解。

天文跟观测特别相关，当然也有一些天文学家是做纯理论研究的，但是一般来讲，天文更需要对观测感兴趣的人。

天文工作，很多时候，需要自己看，自己判断。天文学关心的是更大的未知的东西，需要对书本、老师、专家的质疑的态度，如果太听话，太迷信书本或者专家的话，可能也不是那么适合学天文。

问：最后，请给孩子们推荐一本天文学方面的科普书。

答：天文是一门观测的学科，当然也有一些书是讲观测的，但是我更想推荐的是《天文爱好者》杂志。对于小孩儿来讲，只要感兴趣，对知识的了解和对能力的培养都是水到渠成

《天文爱好者》杂志

的,越来越感兴趣才是关键。

怎么才能对天文感兴趣呢?从我的经验来讲,要尽量去知道天文学领域最新的发现、最新的成果。这些发现和成果可能只是观测到的一个现象,只是天文学家看到了一个奇怪的事,这个事可能还没有被很好地解释,那小朋友们就可以发表自己的看法。等这事能印到书上,已经好多年过去了。对于天象观测的预报、交流、讨论,杂志肯定比书更有优势。新冒出来的发现,比如一颗大彗星很亮,下个月就能看见了,像这种事,你看书是不可能知道的。所以,一般来说,我并不特别推荐大家看书,你需要不断地了解天文学领域最新的天文发现。

(2020年6月访谈)

附 录

小课堂
如何完成一次高质量的访谈

1. 明确访谈目的

了解一种职业（　）
探询一个领域（　）
探察一种人生（　）
其他（　）

2. 选择访谈对象

他所从事的职业是我感兴趣的。（　）
他的专长或研究领域对我有吸引力。（　）
他的人生经历很有特点。（　）
我想比较充分地了解他。（　）
我能联系到他，他也会接受我的访谈。（　）

（不必一定是名人）

我选定的访谈对象是＿＿＿＿＿＿＿＿

3. 做好访谈准备

①向访谈对象表明心愿，让对方了解你的访谈目的。

我的方式：　一封言辞恳切的邮件（　）
　　　　　　一个言辞恳切的电话（　）
　　　　　　一段言辞恳切的微信留言（　）
　　　　　　言辞恳切的当面邀约（　）

②通过各种途径了解访谈对象。

③与访谈对象商定访谈形式。
　　当面访谈（　　）
　　邮件访谈（　　）
　　音视频访谈（　　）

④访谈问题的准备。
- 问题要具体。
- 问题要明确。
- 问题切入的角度要小。
- 问题少用长句。
- 针对访谈对象的特别之处提问。
- 尽量问访谈对象感兴趣的问题。

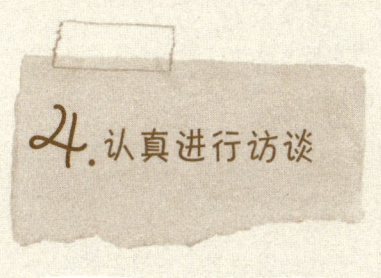

4. 认真进行访谈

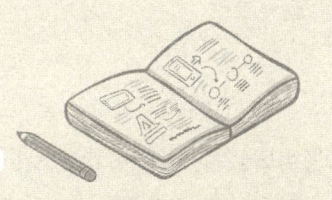

①邮件访谈或微信（语音）留言。
- 将拟定的访谈问题发给对方。

②当面访谈或音视频访谈。 
- 按时赴约。
- 准备好纸、笔。征得对方同意后，使用录音工具。
- 注意尊重访谈对象。
- 保持眼神交流，仔细倾听对方讲话，不随意打断。
- 注意抓住对方回答中的重要线索，适时追问。
- 遇到未听清的，或重要的地方，等对方讲完，请求重复一遍。或者自己重述，请对方确定。
- 遇到地名、人名等，要跟对方确认正确的书写。
- 访谈完毕向对方表示感谢，约定后期审订事宜。

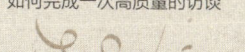

5. 用心整理访谈内容

① 将访谈内容整理成文字稿。适当处理口语表达时的重复、颠倒等问题。

② 存疑处用红色标示，再次联系访谈对象解答。

③ 若内容较多，可将访谈分为若干板块，每一板块提炼出核心观点，拟定小标题。

④ 提炼出全文核心观点，拟定访谈总标题。

⑤ 将访谈整理稿传给访谈对象审核，并请访谈对象提供本人简介和照片。

⑥ 根据访谈对象的反馈，整理定稿。告知访谈稿的发布方式，征得对方同意。

⑦ 及时告知对方访谈稿发布后的反响情况。

后 记

周益民

我做这样的访谈,从2004年开始,持续至今已经16年,正是一个孩子从小学一年级到大学本科毕业的时间。看到这儿,你是不是有点儿惊讶?会不会问:你又不是职业记者,为什么要做这样的工作?

因为喜欢啊!

前些年的访谈,我聚焦的都是作家群体。我从小就爱看书,看书的时候常常想,这本书的作者是个什么样的人呢?他为什么要写这么一本书?他是怎么写出这本书的?总之,心里有十万个为什么。这些想法常常引发伙伴们的共鸣。等到后来有机会接触作家们,自然就逮着问个不停了。作家们的回答在满足我好奇心的同时,更让我对作品、对人生有了新的认识和思考。因为,一个优秀作家一定经历过或正经历着人生的历练,他看待自我与世界的眼光往往具有一种独特性。这样的启迪与思考,是每一个孩子都需要的。

于是，我做这项工作，在兴趣之外，又平添了一份对意义的理解。

可是，这本集子里的访谈嘉宾不只是作家呀？你或许又会问。

2016年，我将二十八位儿童文学作家访谈录结集为《故事、儿童和作家的秘密》，由中国轻工业出版社出版。这时，有朋友提议将视野打开，访谈对象可以不再限于作家。我想，是呀，世界这么丰富，生活这么多彩，看一出戏，赏一幅画，听一首歌，走近一座建筑……都会激起我们的好奇、疑惑、联想、感动、思考，如果能够听那些领域的高手谈一谈，聊一聊，一定别有意趣。

周益民《故事、儿童和作家的秘密——走近儿童阅读》

我真的这么做了。我来到了那些有点儿陌生的领域，像一个孩子，好奇地打量着，觉得一切都是新鲜的。访谈时的我，有时候像个孩子，喜欢对观察到的现象追问；有时候又是个成人，有意挖掘孩子们一般不会注意但其实有意思的内容。高兴的是，这一点，又获得了我的少年朋友们的共鸣。

随着访谈的推进，我发现，嘉宾们尽管所处的领域不同，人生阅历有异，可是，他们的执着、善意、胸襟、眼界、气度、审美、智慧，却常常有着某种相似。

因此，这是一组献给孩子的人文访谈录。展示的，是生活与世界的无限可能性。尽管涉及的领域和职业尚偏狭，重要的是，大门已经敞开，外面的世界正迎接着我们。

我知道，你还有最后一个问题：为什么是"三十人行"呢？

书中，二十八位嘉宾将向你娓娓道来。一旁，是穿针引线的我。还有一个重要的参与者，就是你——亲爱的读者朋友。我们一道，"三十人行"！

2020年5月于南京